札幌の路面電車100年

北海道新聞社 編

狸小路　2016年（平成28年）〈山本学〉

北海道新聞社

札幌停車場通大通付近　大正初期＜札幌市中央図書館＞

4丁目十字街　大正初期＜上ヶ島理＞

電車開通記念の花電車（中央車庫で撮影）　1918年（大正7年）＜札幌市交通局＞

中央車庫に勢ぞろいした除雪車。真ん中の二台がブルーム式　1920年（大正9年）＜北海道新聞社＞

山鼻西線との分岐点（南1条西15丁目）にあった一条乗務員詰所　1937年（昭和12年）＜札幌市交通局＞

4丁目十字街　大正末期＜函館市中央図書館＞

円山　1930年（昭和5年）＜札幌市交通局＞

4丁目十字街　1930年（昭和5年）ころ＜札幌市交通局＞

札幌停車場通　1936年（昭和11年）ころ＜函館市中央図書館＞

4丁目十字街　昭和初期＜函館市中央図書館＞

The View of Sapporo Hokkaido.
（札幌）　市街ノ西南部ヲ望ム

一条線⊕前付近　昭和初期＜函館市中央図書館＞

4丁目十字街　1937年（昭和12年）＜札幌市交通局＞

4丁目十字街を走る新憲法公布記念の花電車　1946年（昭和21年）＜北海道新聞社＞

一条線西6丁目付近を走る電車　1953年（昭和28年）＜北海道新聞社＞

乗客で混雑する三越前停留場　1954年（昭和29年）＜北海道新聞社＞

大雪で線路も消えた軌道を走る除雪車　1955年（昭和30年）＜北海道新聞社＞

札幌駅前通道庁前　1958年（昭和33年）＜星良助＞

4丁目十字街　1959年（昭和34年）＜星良助＞

一条線⊕付近　1959年（昭和34年）＜和久田康雄＞

札幌駅前　1962年（昭和37年）＜和久田康雄＞

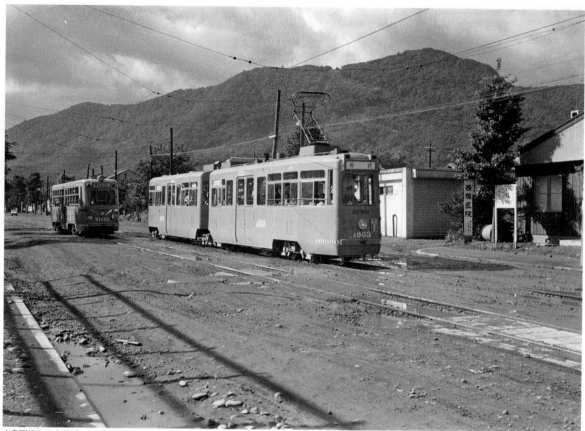

山鼻西線南12条付近　1963年（昭和38年）＜奥野和弘＞

鉄北線北22条付近　1958年（昭和33年）＜奥野和弘＞

鉄北線麻生町～北37条付近 1965年（昭和40年）＜奥野和弘＞

鉄北線北13条付近を走る急行電車　1963年（昭和38年）＜奥野和弘＞

鉄北線北37条付近で試運転するディーゼル除雪車　1963年（昭和38年）＜奥野和弘＞

鉄北線北33条付近　1963年（昭和38年）＜奥野和弘＞

鉄北線北39条付近　1963年（昭和38年）＜奥野和弘＞

西4丁目　1970年（昭和45年）＜堀淳一＞

北5条線植物園前　1970年（昭和45年）＜堀淳一＞

鉄北線陸橋付近　1970年（昭和45年）＜堀淳一＞

一条線長生園前　1970年（昭和45年）＜堀淳一＞

山鼻線東屯田通　1977年（昭和52年）＜堀淳一＞

鉄北線麻生町　1972年（昭和47年）＜堀淳一＞

大通公園付近　1960年（昭和35年）＜和久田康雄＞

西4丁目　1972年（昭和47年）＜和久田康雄＞

市役所電停（現在の北1条西4丁目交差点） 1960年（昭和35年）＜和久田康雄＞

一条線⊕前 1960年（昭和35年）＜和久田康雄＞

一条線円山公園　1973年（昭和48年）＜奥野和弘＞

一条線⊕前〜頓宮前　1973年（昭和48年）＜奥野和弘＞

鉄北線北26条付近　1974年（昭和49年）＜奥野和弘＞

山鼻西線11条　1974年（昭和49年）＜奥野和弘＞

南1条西15丁目（旧交通局前）付近　1976年（昭和51年）＜早川淳一＞

西4丁目　1985年（昭和60年）＜早川淳一＞

教育大学前　1986年（昭和61年）＜早川淳一＞

西4丁目　1985年（昭和60年）＜早川淳一＞

電車事業所前　1985年（昭和60年）＜早川淳一＞

電車事業所前付近を走る花電車　1994年（平成6年）＜朝倉政雄＞

すすきの付近を走る市営交通50周年記念電車　1977年（昭和52年）＜札幌市交通局＞

電車事業所前　1992年（平成4年）＜早川淳一＞

山鼻19条付近を走る8500形　1985年（昭和60年）＜札幌市交通局＞

創成学校前　1978年（昭和53年）＜奥野和弘＞

すすきのに停車中の8500形　1988年（昭和63年）＜札幌市交通局＞

ロープウェイ入口付近　1977年（昭和52年）＜奥野和弘＞

西4丁目で除雪作業にあたるササラ電車　2003年（平成15年）＜北海道新聞社＞

西15丁目付近を走るM101号車　2000年（平成12年）＜朝倉政雄＞

西線16条付近を走るイルミネーション電車　2007年（平成19年）＜朝倉政雄＞

山鼻線行啓通〜静修学園前　2014年（平成26年）＜青山秀行＞

中央図書館前　2014年（平成26年）＜青山秀行＞

すすきの　2015年（平成27年）＜青山秀行＞

すすきの　2018年（平成30年）＜青山秀行＞

すすきの　2017年（平成29年）＜青山秀行＞

西線6条付近　2012年（平成24年）＜青山秀行＞

三吉神社　2013年（平成25年）＜青山秀行＞

旧新通市場（南10条西7丁目）付近　2014年（平成26年）＜青山秀行＞

札幌の路面電車 100 年のあゆみ

原田　伸一

1. 始まりは馬車鉄道

　明治維新の熱気が続く1871年（明治4年）5月、北海道の首都づくりを目的に、函館から札幌に移転した開拓使本庁（当時の省と同格）は、人口わずか1000人規模から街づくりをはじめ、道路や住宅を整備するなど、日本全体の「北方拠点」の形成を急いだ。

　当時の街の中の移動手段といえば、もっぱら歩くか、馬を利用するしかなかったが、人口の増加とともに1875年（明治8年）には東京から乗り合い馬車が運び込まれ、交通活性化が図られた。1879年（明治12年）には市街地に馬車道が整備され、乗客輸送を専業とする馬車会社が設立された。

南一条通・創成橋を渡る馬鉄　大正初期＜札幌市公文書館＞

　一方、主要な街を結ぶ鉄道は、札幌と小樽の間の幌内鉄道が1880年（明治13年）11月に開通し、旭川方面にも延伸して、札幌は交通の要所としても加速度的に発展を遂げていく。しかし、街中の交通の主役が馬車では、増え続ける住民や物資の輸送に追い付けない。そこで、民間経済人が資金を出し合って1901年（明治34年）、札幌石材合資会社を設立。南側の石山方面から石材を搬出するほか、乗客輸送も目的とした同社は国の認可を得て、札幌郡平岸村穴の沢から南2条西11丁目に至る約11.5キロに軌間762ミリの「馬車軌道」を敷設。これはレールに乗せた小さな客車を馬が引いて歩くもので、1909年（明治42年）2月に開通した。客車は12人乗りで、料金は1区3銭、1日3往復だった。

　その後、石山より遠方の定山渓が保養地として発展するほか、産業も各地で盛んになり、1912年（明治45年）、社名を札幌市街軌道株式会社に改め、石山通の北側や札幌停車場（札幌駅）方面などに馬鉄を延伸させる。そのころ札幌は人口7万人を数え、函館、小樽の人口に迫っていた。

　しかし、時代の進展とともに、馬が息を切らせて客車を引く馬鉄は、もはや時代遅れになりつつあった。札幌の宿命である雪に弱く、馬糞が発する臭気も敬遠された。本州に目を転じると、電気事業の定着により1896年（明治29年）、京都で日本初の路面電車が走り出し、続いて東京でも1903年（明治36年）に開業。道内では1913年（大正2年）6月から、函館水電株式会社が自社の発電設備を利用し、函館市街で路面電車の経営を始めていた。電車は「清潔で速い」と評判が高く、「札幌も路面電車を導入すべきだ」との声が高まってきた。

札幌の路面電車100年のあゆみ

札幌停車場通　大正初期＜札幌市交通局＞

北2条西4丁目　大正初期＜札幌市公文書館＞

2. 生みの苦しみ

　そこに名乗りを上げたのは、馬鉄を経営する札幌市街軌道社だった。1916年（大正5年）、資本金を30万円から100万円に増資するとともに、社名を札幌電気鉄道株式会社に変更し、路面電車の経営開始を決議。さらに翌1917年（大正6年）8月には札幌電気軌道株式会社と再度社名を変更し、電車運転実現に向けて本格的な準備に入った。動力となる電気については当時、札幌水力電気株式会社が17000戸に供給しており、それを利用することにした。

　そうしたなか、「北海道」と命名されて50年に当たる1918年（大正7年）に、北海道の未来をテーマにした大がかりな博覧会が札幌と小樽で開催されることが決まった。札幌電気軌道社はこのタイミングに合わせて電車を開業させることを決定。同年2月23日に電気軌道敷設の認可を得て、半年後に迫った博覧会に間に合わせようと、大急ぎで工事に取り掛かる一方、先進地函館に乗務員予定者を派遣し、基礎から徹底的に勉強させた。

　同社は当初、軌間を1372ミリとし、それに合わせて英国製の制御器やモーターなどを輸入しようとした。しかし、第一次世界大戦の末期で英国からの海上輸送は危険が伴うため断念。軌間を1067ミリに変更し、車両は名古屋電気鉄道社から四輪単車24両（10形）を購入することにした。製造から10年以上経過した「中古車両」だが、市民の関心は高まった。

　しかし、認可を得た2月末はまだ雪が残っており、馬鉄軌道の撤去が始まったのは雪が解け始めた4月。博覧会の幕開けまで4カ月足らずしかない。米国に発注したレールの到着も遅れ、見守る市民は「間に合うのか」と気をもんだ。

　工事は急ピッチで進められ、車両の準備も整ったが、逓信省の認可が遅れ、博覧会オープンの8月1日開業は延期に。それでも同10日深夜、同省技師が到着し、試運転で安全を最終確認。2日後の12日夕、やっと認可が降り、同日夜から営業に入った。翌13日は朝から市民が乗車。午後1時から料亭で開業式、夜は花電車が運行され、歴史の幕を開けた。

アメリカから横浜港に陸揚げされた軌条と札幌電気軌道社の助川貞利（中央背広姿、後の技師長）　1918年（大正7年）＜札幌市交通局＞

札幌の路面電車100年のあゆみ

開業当時の札幌電気軌道株式会社　1918年(大正7年)＜札幌市公文書館＞

開業当時の札幌電気軌道株式会社の変電所　1918年(大正7年)＜札幌市公文書館＞

北海道拓殖銀行本店の前の軌道敷設工事　1918年(大正7年)＜札幌市交通局＞

開業直後の路面電車。背後のルネサンス調の建造物は札幌駅前に建てられた「開道50年記念北海道博覧会」の歓迎門　1918年(大正7年)＜北海道新聞社＞

3. 北海道博を機に開業

　北海道で初めて開催された博覧会は、第一会場の中島公園には農業館、園芸館など、第二会場の北1条西4丁目には工業館、さらに商都小樽には水族館が設けられ、それぞれ北海道の主要産業の最新技術と将来像が展示された。日本の近代化が進む中で、人口10万人の街に成長した道都・札幌の飛躍を目指す一大イベントである。

　開業日、電車は車体全面に国旗や旭日旗が飾り付けられ、全市挙げて祝賀気分を高めた。博覧会には本州から見学客も訪れ、予想を超す盛況で、デビューしたての路面電車も大好評。各会場と停留所には人があふれ、「満員」の札を掲げて走る電車もあった。架線から集電する棒状のポールも目を引く存在に。電車は「チンチン」と警鐘を鳴らして走り、発展する札幌のシンボルとなった。

　最初の路線は南北に「停公線」（札幌停車場〜薄野〜中島公園）、大通公園付近で東西に交わる「南1条線」（南1条西15丁目〜南1条東2丁目）、さらに現在の薄野から創成川を渡って東側に至る「南4条線」（南4条西3丁目〜南4条東3丁目）の3線、合計5.3キロから成り、札幌駅や官庁街、商店街を効率的に結ぶことを目的とした。これらのルートは現在の市営地下鉄南北線・東西線・東豊線の主要エリアにほぼ重なっている。運賃は片道6銭だった。北海道では函館に次ぐ二番目の電車開業で、現在の札幌市電・地下鉄の元祖になった。

開道50年記念北海道博覧会と札幌停車場通　1918年（大正7年）＜札幌市交通局＞

40形木製電車の製作状況　1921年（大正10年）＜札幌市交通局＞

雪の南一条通　1920年（大正9年）＜札幌市中央図書館＞

木製電車の車内光景　1921年（大正10年）＜札幌市交通局＞

札幌の路面電車100年のあゆみ

電車開通時に名古屋から譲り受けた木製2軸電動客車　1918年（大正7年）＜札幌市公文書館＞

札幌駅前　1920年（大正9年）＜函館市中央図書館＞

4. 豪雪克服に"ササラ"

開業4年後の1922年（大正11年）に区から市に成長した札幌は、産業はもちろん鉄道や道路の発達、それにともなう人口の膨張で街区が急速に拡大する。路面電車の年間利用者は、創業年度の1918年（大正7年）8月～1919年（大正8年）7月は延べ263万人だったが、10年目の1927年（昭和2年）度は同1440万人に膨れ上がり、年間平均では約120万人ずつ増え続けた。このため、札幌電気軌道は苗穂線（北3条西4丁目～同東7丁目）、円山線（南1条西15丁目～同西17丁目）、山鼻線（南4条西4丁目～南14条西7丁目行啓通）、豊平線（南4条東4丁目～大門通）、北5条線（北5条西4丁目～同20丁目）の各線を新設、各線の延伸も図られた。これに対応するため、40形と呼ばれる新車28両を導入し、輸送力を増強した。

大正初期の除雪風景＜札幌市交通局＞

　まずは順調な発展を続け、市民の支持を得た電車だが、札幌だけの難題があった。他の電車営業都市にはない「豪雪」である。函館の電車も雪に悩まされたが、札幌の降雪量はその比ではない。もともと「豪雪地帯で電車を走らせることは不可能だ」との懐疑論が根強く、実現が遅れた一つの要因ともなっていた。実際、雪が降り積もると、人海戦術で除雪を行ったもののスリップを繰り返し、立ち往生する電車が続出。運行中止もたびたび発生し、乗客の不評を買った。窮余の策として、電車の代わりに馬そりを走らせたこともあった。

　しかし、これを克服しなければ将来はない。同社技術陣は外国から資料を取り寄せ、その中でカナダ・ケベック市電の除雪車が、雪煙を上げて走行している写真に着目。助川貞利技師長はこれを参考に工夫を重ね、台所のタワシにヒントを得て作った竹製のブラシ（ササラ）を回転させてみたら成功した。こうして、雪をはね飛ばす「ブルーム式」と呼ばれる方式を開発。竹ブラシを両端に装備した古風な「ササラ電車」は今でも市民の足を守る存在だ。

助川貞利　1919年（大正8年）＜札幌市交通局＞

プラウ式電動除雪車　1921年(大正10年)＜札幌市交通局＞

1924年(大正13年)＜札幌市交通局＞

5.「市電」で経営強化

　このようにすこぶる順調に事業拡大を遂げた路面電車に、大変革の波が押し寄せてきた。「公共事業である以上、経営は札幌市が責任を持つべきである」との「公営化論」の高まりだ。1924年（大正13年）、札幌市会（市議会の前身）は、札幌市が札幌電気軌道を買収する決議案を満場一致で採択し、同社との交渉が始まった。

　これに対して同社は「これまで札幌市からは何の補助もなく、苦心惨憺（くしんさんたん）やり繰りし、経営に当たってきた。何を今さら」と反発。交渉は長引いたが、実力者の北海道庁長官、北海道拓殖銀行頭取らの仲裁を得て、譲渡額307万5000円でやっと折り合いがついた。1927年（昭和2年）11月30日午後10時から、車庫に入った電車の同社の紋章は塗りつぶされ、翌12月1日午前0時、双方の代表が契約書に調印。電車はこの日朝から、札幌市電気局が管理運営する「札幌市電」に変身した。

　札幌市に引き継がれた営業路線は16.3キロ、保有車両数63両、局員は約450人だった。初日から3日間、2両の「花電車」が路線を回り、市営化のアピールに努めた。年末には民営時代から工事中だった札幌駅北側、北海道大学方面の独立路線である鉄北線が開通。ただ、札幌駅周辺は国鉄（当時）函館線が通っているため、踏切で南北に分断されており、同線が南側の繁華街と接続するのは後回しになる。路線拡大とともに、傷んでいた軌道の補修や車両の維持管理が徹底されるようになった。

　1929年（昭和4年）には豊平線を延長し、1918年（大正7年）に開通していた定山渓鉄道の豊平駅に直結。同鉄道も電化が完成し、温泉への行楽客でにぎわうようになった。また、桑園線、西20丁目線も開通。1931年（昭和6年）には山鼻西線開通、翌1932年（昭和7年）には札幌駅西側

4丁目十字街　昭和初期＜札幌市中央図書館＞

の跨線道路橋の完成により、北5条線が鉄北線と直結し、全路線の一元化が実現した。この間、一部路線の複線化も実施された。

　車両は民営時代に100形、110形、市営化後に120形が導入されており、1931年(昭和6年)に初の鋼製車両となる130形がデビューした。さらに、1936年(昭和11年)～1937年(昭和12年)にかけて鋼製の150形、170形が導入された。一方で、開業時、北海道博覧会で活躍した木造の10形は次々と廃車となった。

　また、バスに関しては1923年(大正12年)から民営バスが、1930年(昭和5年)からは市営バスが路面電車を補完する形で運行を始めていた。しかし、これも路面電車同様、1932年(昭和7年)に市営バスに統合された。

　この時期、世界規模の激動が深刻化し、日本も混とんとした時代に入っていく。1939年(昭和14年)9月のドイツ軍によるポーランド侵攻をきっかけに第二次世界大戦が勃発。日本も1941年(昭和16年)12月、米英など連合軍との太平洋戦争に突入した。

　軍事一色のもとでガソリンが不足し、軌道に乗りつつあった市営バスの運行が縮小を余儀なくされ、その結果、バスの乗客は市電に押し寄せた。札幌市は「市電気局」を「市交通事業所」に改変し、経営強化を図るが、世情不安定の折り、電車増備はおろか、施設の改修や車両管理がままならない。このころ、乗務員が応召されて足りなくなったため、女性が運行業務に従事するようにもなった。戦争は1945年(昭和20年)8月に終わるが、そのころ職員不足や整備不良が重なって満足な運行ができず、「電車が来ない」などと批判を受けることになった。

豊平橋畔納涼大会　1930年(昭和5年)＜札幌市交通局＞

大通付近　1936年(昭和11年)＜北海道新聞社＞

電車市営落成祝賀会　1927年(昭和2年)＜札幌市公文書館＞

鉄道管理局前　1929年(昭和4年)＜札幌市交通局＞

6. 高度成長の波に乗る

　戦後は運行の基盤となる軌道や電車の補修、修繕が進まず、乗客は我慢を強いられた。1946年（昭和21年）には乗客が少ない山鼻線の南19条〜一中（旧制札幌一中、現在の札幌南高）前、中島線の松竹座〜中島公園、桑園線の桑園駅通〜桑園駅前の3路線の区間で運行を休止。

　翌1947年（昭和22年）、管理部署を「市交通事業所」から「札幌市交通局」に改称し、復興に向けた体制を強化する。そのうえで、1952年（昭和27年）、鉄北線を北24条に延長、幌北車庫を新設、単線だった山鼻西線、豊平線の一部複線化を実施した。

　さらに、札幌市電では初のボギー車となる新車導入にも踏み切った。ボギー車とは2軸4輪の車輪を、水平に回転する台車に2組取り付け、車体が長くともカーブを容易に曲がらせる仕組み。まず、1948年（昭和23年）に500形5両を入れ、翌年から1952年（昭和27年）にかけて、大型ボギー車600形20両をデビューさせた。いずれも単車に比べて定員が増え、1両当たりの輸送能力は大きくなった。

　この時代、札幌市の人口は50万人、60万人、1965年には約80万人に達する勢いで伸びた。1958年（昭和33年）にはコスト削減を目的に、ディーゼル動車D1000形が初めて導入される。1963年（昭和38年）の鉄北線、北27条から麻生への延長の際には、電化工事を行わず、新たに製造したD1030形が運用に入った。これらの一部は後に電車に改造されたが、一定期間とはいえ、

三越前　1952年（昭和27年）＜北海道新聞社＞

混雑するラッシュ時の三越前　1954年（昭和29年）＜北海道新聞社＞

山鼻西線14条付近を走るディーゼルカー　1958年（昭和33年）＜北海道新聞社＞

ラッシュ時に札幌駅前を走る連結電車　1964年（昭和39年）＜北海道新聞社＞

「電気がいらない電車」としてユニークな存在となった。

　人口の増加とともに、朝夕のラッシュ時の混雑対策が急務となった。このため1961年（昭和36年）、「市電は1両で動く」という概念を覆す、2両連結のM100形・Tc1形「親子電車」が登場した。モーター付きの1両がモーターなしのもう1両をけん引する。ラッシュ時は2両だが、閑散時はモーター車1両で走ればよい。コスト的には安上がりだ。ただ、これは「2両の脱着が容易でない」などの理由で1編成にとどまった。

　また、1963年（昭和38年）から2年近く、ラッシュ時には急行運転も行った。同年、M100形を改良した2両連結（連接）編成のA800形3両が配備された。これは混雑緩和に威力を発揮し、1960年代前半には連結車の増備が続いた。

　1965年（昭和40年）、車両数は154両に達し、ピークを迎えた。これらの電車、ディーゼル動車は丸みを帯びた前面や、明るく大きな窓が特徴だった。色は上がベージュ、下がグリーンに塗り分けられ、ヨーロッパの市電をイメージさせる車体は市民だけでなく、北国のロマンを求める観光客にも人気となった。

車と電車でごった返す通勤ラッシュ時の様子　昭和40年代＜札幌市交通局＞

混雑を緩和するために登場した連結車　昭和40年代＜札幌市交通局＞

乗車を待つ通勤者　1964年（昭和39年）＜北海道新聞社＞

豊平橋を渡る市電　1964年（昭和39年）＜北海道新聞社＞

車内の様子　1965年（昭和40年）＜札幌市公文書館＞

7. 主役の座、地下鉄に

　しかしその裏で、市電経営は苦境の時代に入り込んでいた。1960年代から始まった自動車普及の大波だ。それまでは、ラッシュ時は電車の中が混んでいたが、自動車が増えたため乗客が減り、道路が混雑して渋滞となった。自動車が構わず軌道にはみ出してきて、次第に市電は肩身が狭くなる。

　皮肉なことに、同じ交通局が経営する市バスが市電の客を奪い始めた。中心部から離れた住宅地の拡大にともない、小回りの利くバスはどんどん路線を増やしていく。市民もバス1本で目的地に行けるなら、市電は使わない。

　夏ダイヤで比べると、1960年(昭和35年)の表定速度(発駅から着駅までの停車時間を含む速度)を100とすれば、1965年(昭和40年)は89に落ち、その後も毎年平均2.1パーセントずつ下がっていった。これにともない、平均速度も時速11.5キロに低下する。これだと歩くのとそう変わらない。「遅いぞ」「待ってもなかなか来ない」。そんな状況からますます「市電離れ」が起き始め、乗客数は1964年(昭和39年)度をピークに減少に転じてしまった。

　当然のことながら、これは収入の落ち込みをもたらした。公営企業といえども、赤字を垂れ流すわけにはいかない。市交通局は料金を値上げしたほか、大通公園近くにあった中央車庫を閉鎖し、1970年(昭和45年)2月には3系統(医大病院前～豊平8丁目)でワンマン運転を開始。新車導入も控え、赤字削減に躍起となった。

市電、ダンプ、乗用車が入り乱れる札幌駅前通　1970年(昭和45年)〈北海道新聞社〉

このころ、市電の地位を揺るがす大きなニュースが飛び込んできた。1966年（昭和41年）、ローマで開催されたIOC（国際五輪委員会）総会において、1972年（昭和47年）冬季五輪が札幌で開催されることが決まった。1964年（昭和39年）東京夏季五輪に次ぐ日本で二度目の五輪となる。

　これは、電車開業の引き金になった1918年（大正7年）の北海道博覧会どころの規模ではない。札幌中心部から南へ約10キロの真駒内屋外競技場がメーン会場となり、開会式には天皇、皇后両陛下はじめ政府要人、外国の来賓らが出席するほか、35の参加国・地域から選手やスタッフが乗り込んでくる。一般交通機関を利用する観客も大勢見込まれた。ところが、真駒内は定山渓鉄道が走っていたものの、市電は行っておらず、大量輸送は困難。そこで世界中が注目する札幌五輪に円滑に対応するには、一段と安全かつ効率的な交通システムを整備する必要が出てきた。

　そこで、市交通局は画期的なシステムによる市営地下鉄の建設を決めた。これは電車の車輪が鉄輪ではなく、ゴムタイヤを付ける案内軌条式という方式で、走行音が抑制されるなどの長所がある。全国で初めて採用されるアイデアで、そのために技術陣は手探りで研究を重ねていた。

　地下鉄なら市電の大敵である雪なんて怖くない。真駒内方面で一部地上に出るが、そこはシェルターで覆えば、雪をかぶらなくて済む。こうして1969年（昭和44年）、真駒内屋外競技場近くの真駒内と都心を結ぶ南北線（北24条〜真駒内、12.1キロ）の建設が始まった。このうち霊園前（現・南平岸）〜真駒内の4駅が地上部となる。

冬季五輪誘致が実現し、市電、市バスが日の丸と五輪の小旗をつけて運行。その一部の五輪旗が上下反対につけられ、市民から注意を受けた　1966年（昭和41年）＜北海道新聞社＞

すすきの付近での地下鉄工事の様子　1970年（昭和45年）＜札幌市交通局＞

中央電車車庫が廃止になる　1968年（昭和43年）＜札幌市交通局＞

8. 路線廃止、縮小へ

　華々しい地下鉄の話題とは裏腹に、赤字に悩む市電路線には大ナタが振るわれた。五輪開催前年の1971年（昭和46年）10月1日、第一次として北5条線、西20丁目線（札幌駅前〜中央市場通〜長生園前）、苗穂線（道庁前〜苗穂駅前）、豊平線（すすきの〜豊平8丁目）の約7キロを廃止。さらに第二次として同年12月16日、鉄北線・西4丁目線の一部（北24条〜札幌駅前〜三越前）の約3キロが廃止された。これにより、鉄北線は再び独立路線に戻った。

　市営地下鉄は1971年（昭和46年）12月に開業。雪が降る師走、それに五輪間近の慌ただしい中、物珍しさもあって市民は競うように地下鉄に乗り込んだ。翌1972年（昭和47年）2月3日から13日まで開催された札幌五輪は、70メートル級ジャンプで日本勢が金、銀、銅メダルを独占。また、女子フィギュアスケートで銅メダルを獲得した米国人ジャネット・リンが、その愛らしい笑顔で人気をさらった。盛り上がる試合を楽しむ観客の大量輸送を支えたのは市電ではなく、雪の下をダイヤ通り高速で走り抜ける地下鉄電車だった。

　市民の足を地下鉄に譲った市電の淘汰は、その後も続いた。1973年（昭和48年）3月に、電車・バス事業とも国から経営の自由度が制限される再建団体の指定を受ける。同年4月1日、第三次廃止路線として一条線の一部（円山公園〜交通局前・西4丁目〜一条橋）と西4丁目線の残存区間（西4丁目〜すすきの）の約3キロを廃止。さらに1974年（昭和49年）5月1日、鉄北線の残存区間（新琴似駅前〜北24条）の2.5キロも廃止された。同時に使命を終えた電車29両（ボギー車15両、連結車14両7編成）が廃車に。幌北車庫跡は北24条駐車場に様変わりした。

　残った路線は西4丁目とすすきのの間を西側、南側経由で大回りして結ぶ1路線、8.47キロだけとなった。歴史を振り返ると、開業時の5.3キロから市内主要部に延伸し、1966年（昭和41年）9月時点で総延長25.03キロを誇った路線は、最盛時の3分の1に規模を縮小した。

廃止になった幌北車庫で記念撮影をする
1974年（昭和49年）＜札幌市交通局＞

北24条西5丁目にあった幌北車庫　1971年（昭和46年）＜札幌市公文書館＞

札幌の路面電車100年のあゆみ 041

苗穂駅前に停車中のさよなら電車　1971年(昭和46年)＜札幌市交通局所蔵＞

豊平線のさよなら電車に手を振る市民　1971年(昭和46年)＜北海道新聞社＞

レールを外される苗穂線　1972年(昭和47年)＜北海道新聞社＞

北5条線,苗穂線,豊平線さようなら電車記念乗車券　1971年(昭和46年)＜北海道新聞社＞

さよなら電車が三越前を走行する　1973年(昭和48年)＜札幌市交通局＞

最後の電車に乗ろうと円山公園近くに集まった住民たち　1973年(昭和48年)＜北海道新聞社＞

さよなら電車　1974年(昭和49年)＜札幌市交通局＞

一条線西部の撤去作業　1973年(昭和48年)＜札幌市交通局＞

9. 営業努力、多彩に

　地下鉄はその後、1976年（昭和51年）6月、南北線と大通駅で交わる東西線琴似〜白石（9.9キロ）が開業。1978年（昭和53年）3月には南北線北24条から麻生へ延長（2.2キロ）、1988年（昭和63年）12月に東豊線栄町〜豊水すすきの（8.1キロ）が開業するなど、住宅地に路線を伸ばし、利便性を高めていく。しかし、1路線になったとはいえ、市電は依然として近隣住民の便利で手軽な乗り物であり続けた。車内は狭く、速度も遅いが、昔ながらの商店街を走る中で、同席した見知らぬ客同士が世間話を始めるなど、庶民的な雰囲気が消えることはなかった。

　市交通局は1985年（昭和60年）から、20年ぶりの新車となる8500番代の車両6両を順次導入。また、1988年（昭和63年）からは、稼働30年におよんで老朽化した200番代車両の全面改修に踏み切り、より乗りやすい車内にしたほか、1991年（平成3年）には札幌市中央図書館の開館にともない、従来の西屯田通停留所を中央図書館前に変更するなど、街の発展に合わせて分かりやすい名前に付け替えた。

　一方、存続が危ぶまれる市電の人気を高めるため、子供たちも含めて"市電サポーター"を集めて、1991年（平成3年）から毎年「市電まつり」（現在、市電フェスティバル）を開催。さらに1992年（平成4年）から磁気式のプリペイド型の「ウィズユーカード」を導入、さらに2009年（平成21年）からは独自開発したICカード「サピカ」が利用できるようになった。1998年（平成10年）には札幌市屋外広告物条例が規制緩和されたことを機に、車体広告を募集。現在では車両の半数近くが企業のコマーシャル役を務めている。また、グループで宴会を楽しめるカラオケ付き貸し切り車両など、新たな収入源の確保を目指した。

　2001年（平成13年）には、その歴史と業績が認められ、函館市電とともに北海道遺産に選定された。北海道内ではただ二つ残った市電に与えられた名誉だ。このころから、さらなる利便性や交通弱者への配慮、また省エネの観点からも「もっと市電を活用すべきだ」との声が市民の間から強まってきた。

貸切電車の様子　1988年（昭和63年）ころ＜札幌市交通局＞

貸切電車の様子　1986年（昭和61年）＜札幌市交通局＞

車内で宴会を楽しむ乗客たち　1990年（平成2年）＜札幌市交通局＞

札幌の路面電車100年のあゆみ

市営交通50周年を記念したイベントの様子　1977年(昭和52年)＜札幌市交通局＞

第1回市電まつりで走行した花電車　1991年(平成3年)＜札幌市交通局＞

第1回市電まつりでは多くの市民が集まった　1991年(平成3年)＜札幌市交通局＞

20年ぶりの新車となった8500番代　1985年(昭和60年)＜札幌市交通局＞

10. ループ化で次世代に

　2003年(平成15年)、市長選挙で新人の上田文雄氏が当選すると、現存路線の活用論議がにわかに熱を帯びてくる。中心部の交通のあり方や、環境政策を重視する上田市長は2005年(平成17年)、市電の存続を決定するとともに、将来像についての検討を指示した。その中で、「レールが断絶した南1条とすすきの間(約400メートル)を再び結び付け、全体をループ化する」とのアイデアが浮上した。大通公園に隣接する南1条はデパートや専門店が並ぶ昔からの中心地。すすきの(薄野)は東京以北、随一の歓楽街だ。

　これには「商店の荷下ろし作業に影響が出る」「電車と車が混在し、危険になる」などの反論、異論が噴出したが、札幌市はループ化の長所を強調し、2012年(平成24年)までに①内回り、外回りのレールを、それぞれ歩道に寄せるサイドリザベーション方式を採用する②それによって、乗降時の安全を確保し、同時に車の走行レーンを確保する③両停留所間にアーケード商店街と直結する「狸小路停留所」を新設する──などの長所を強調し、広く理解を求めた。サイドリザベーション方式の採用は、日本で初のケースとなった。

　この間、ループ化構想を見据えて、2013年(平成25年)5月、初の3両連結の超低床式電車(LRV)と呼ばれるA1200形のA1201が導入された。LRVは道内では函館市電の2輌連結、2車体連結の「らっくる号」に続く導入で、車体はやや長くなったが、中間車の車輪を省き、曲線通過を容易にした。色はそれまでのイメージを一新する白と黒を基調とし、側面にはLEDの行き先表示器を設置。車内は段差がなく、最前(後)部の1人掛け座席は、正面を向く作りになった。愛称は市民から募集し、北極星を意味する「ポラリス」と決定。その先見性、機能性などから、同年度のグッドデザイン賞に選ばれた。翌2014年(平成26年)には同形が2両仲間入りし、「新時代の札幌市電」をイメージ付けた。

　札幌の目抜き通りに路面電車を復活させる事業は全国からも注目を集め、当初予定よりやや遅れたものの、2015年(平成27年)11月から試験走行を開始。そして暮れも押し迫った12月20日、

ループ化で新たに開業された区間を走る市電　2015年(平成27年)＜北海道新聞社＞

営業初日を迎え、札幌駅前通に42年ぶりに復活した電車は、初乗りの客を乗せてビルが立ち並ぶ繁華街をゆっくり走った。市電路線の延伸は1964年(昭和39年)の鉄北線麻生〜新琴似駅前以来、ほぼ半世紀ぶりとなる。運行開始直後は、近くを走るドライバーに戸惑いも見られたが、利用者の間では「南1条とすすきのとの往復が楽になった」「電車から見る繁華街の眺めが美しく、斬新だ」といった好意的な声が寄せられ、開業1カ月で利用者は平日で10％増、土日祝日で16％増えた。

　残存路線を利用したループ化が大方の支持を得たことにより、札幌市電をさらに高度化する議論も始まっている。急激に再開発が進む札幌駅の東側地区(創成川イースト)への延長や、LRT方式を採用するなどのアイデアだ。LRTとは「ライト・レール・トランジット」の略で、専用線を高速で走行し、バリアフリーに配慮した次世代型路面電車システムをいう。いち早く実現した富山市が注目され、現在、宇都宮市でも建設計画が進んでいる。

　一度は自動車に押されて縮小を余儀なくされた札幌市電だが、起死回生のループ化の実現により、「路面電車の可能性を広げた」と全国から注目される存在に。2018年(平成30年)夏には車内に車椅子を2台収容できるなど、バリアフリーを進化させた新型LRV車両1100形を導入。愛称は市電フェスティバルでの市民投票により、地球に近いおおいぬ座のひとつ星である「シリウス」と決まった。夜空のロマンの香りを漂わせる「シリウス」は同年10月から運行が始まり、新しい顔になりつつある。札幌市は経営安定化のため、市電の運行を別の事業者に委託する「上下分離方式」を2020年(令和2年)度中に導入することを決め、準備に入っているが、これからも「環境に配慮」「弱者に優しく」「観光にも貢献」を目標に走り続けることになる。

新設されたすすきのの停留場付近を走る市電　2016年(平成28年)＜北海道新聞社＞

市電ループ化の土木工事。入札の不成立などが響き、開通はずれ込んだ　2014年(平成26年)＜北海道新聞社＞

ループ化開業式典後、拍手のなか出発する記念列車　2015年(平成27年)＜北海道新聞社＞

沿線紹介

大通公園
大通公園は 1871 年（明治 4 年）、北側の官庁街と、南側の商店・住宅街に分け、火災の延焼を防ぐ「火防線」として整備されたのが始まり。1911 年（明治 44 年）に公園として本格的に整備された。現在の公園区間は大通西 1～12 の約 1.5 キロ。

陸橋
「おかばし」の愛称で親しまれた西 5 丁目の国鉄跨線橋は、1932 年（昭和 7 年）年に竣成した。1927 年（昭和 2 年）に鉄北線が開業したが、駅前方面とは踏み切りを渡り、徒歩での乗り継ぎとなった。市民からは直通運転を望む声が高まり、陸橋の完成によって乗り換えの不便がなくなった。1989 年（平成元年）に鉄道が高架になるのにともなってとり壊された。

札幌駅前
札幌駅は 1880 年（明治 13 年）、札幌～手宮間の鉄道施設にともない開業した。ルネサンス様式の洋式建築である三代目駅舎が誕生したのは 1908 年（明治 41 年）。1910 年（明治 43 年）には札幌石材馬車鉄道が札幌停車場通に馬鉄の軌道を敷設。1918 年（大正 7 年）に路面電車が開業すると、少しずつ賑わいを見せ始めた。駅舎に向かって左手には屋根の丸いドームが印象的な鉄道局の庁舎があった。1952 年（昭和 27 年）には鉄筋コンクリート造りの四代目駅舎が開業した。現在の駅舎（JR タワー）は 5 代目。

札幌駅前通
鉄道が開業して札幌駅が現在の場所に建てられて以来、西 4 丁目通は「停車場通」や「駅前通」と呼ばれてきた。アカシア並木が続いた札幌駅から大通までの地区は昭和初期までは駅前の西側角の静岡屋旅館、北 2 条の山形屋旅館をはじめ、多くの旅館が建ち並んでいたが、現在はオフィス街となっている。大通公園から南 4 条までは古くから商業地区として発展し、現在は再開発が進む。1871 年（明治 4 年）に遊郭が設置されたすすきのは、東京以北最大の歓楽街として賑わう。

4丁目十字街
4 丁目十字街は明治中期ころから札幌の商業の中心地として栄えた。戦前からデパートの三越札幌支店や冨貴堂、書店の維新堂や丸善、一誠堂などの商店が建ち並び、三越前、西 4 丁目の両電停は多くの乗客で賑わった。地下鉄の開業にともない、1973 年（昭和 48 年）を最後に路面電車が交差点を通過する姿が見られなくなったが、2015 年（平成 27 年）のループ化により 42 年ぶりに 4 丁目交差点を通過する姿が復活した。

※1970 年（昭和 45 年）の路線図をもとにして、桑園線、中島線、都心線開業後の狸小路を追加した。

一条線西部

一条線は1918年（大正7年）に開業と同時に路線が敷設された。西部方面へは、西4丁目から南一条通を西へと向かう。沿線は昭和戦前まで古くから商家や職人が建ち並んでいた。戦後は多くのオフィスビルが建てられたが、昔と変わらぬ姿の歴史ある商店も残り、ビルの高さは揃っていない。西8丁目の三吉神社は札幌市民から「さんきちさん」の愛称で親しまれている。

一条線西部・円山方面

一条線円山方面は1923年（大正12年）に医大病院前、琴似街道、翌年には終点の円山公園まで延伸し、円山公園での花見・遠足、行楽客や北海道神宮への参拝客で賑わった。1951年（昭和26年）に円山動物園が開園すると多くの子どもたちが乗車した。1976年（昭和51年）の札幌市営地下鉄東西線の工事に影響することもあり、1973年（昭和48年）に医大病院前～円山公園間は廃止になった。

一条線東部

1918年（大正7年）の電車開業と同時に東2丁目まで路線が開業した。1920年（大正9年）に頓宮前まで、1925年（大正14年）に一条橋まで延伸した。南一条通や南一条通の東側に隣接した創成川東地区は、1869年（明治2年）の島義勇判官によるまちづくりの基点に定められた札幌の始まりの地でもある。そのため一条線東部沿線は札幌を代表する繁華街として古くから栄え、都心が4丁目十字街へと移る前の明治初期には西1丁目が札幌の最高地価となったこともあるほど。終点の一条橋の停留場は一条大橋の手前になる。

山鼻線

山鼻という地名の由来は「山の端（はな）」。藻岩山の尾根が突き出た辺りに位置することから付けられた。沿線には古い歴史と新しい街並みが同居する。南14条西7丁目にある停留場から石山通まで約300メートル続く行啓通商店街は札幌を代表する商店街である。すすきの～南14条西7丁目行啓通間が開業したのは1923年（大正12年）。開業当初、南16条以南は田園地帯が続いていたが、現在は閑静な文教地区となっている。1925年（大正14年）に一中前（現在の静修学園前）、1931年（昭和6年）に師範学校前（現在の中央図書館前）まで延伸した。1994年（平成6年）には、すすきの～創成小学校前（現在の資生館小学校前）間の360メートルで電線の地下埋設とセンターポール化が行われ、街の景観に配慮した。

山鼻西線

山鼻西線が開業したのは1931年（昭和6年）。開業当初は畑地が広がり、人家もまばらで単線で運行していた。戦前から富裕層が一戸建て住宅を建てるようになり、高度経済成長期からはさらに宅地化が進んだ。近年は夜景人気で、藻岩山の山頂に向かう「もいわ山ロープウェイ」の利用者も増え、外国人観光客の姿も見かけるようになった。札幌師範学校（現在の北海道教育大学札幌校）の跡地には、1991年（平成3年）に札幌市中央図書館が建てられている。

北5条線

1927年（昭和2年）に開業した札幌駅から桑園方面へと西に向かう路線。札幌駅から桑園方面に向かうとすぐに大きな森が見えて、北側には伊藤組の伊藤家の大邸宅、南側には北大附属植物園の欅の原生林がある。近辺に桑園予備校や札幌予備学院があった「予備校前」を通り、桑園地区へと向かう。札幌駅と桑園を結ぶ北5条通には道内最大級の繊維問屋街があり、小売業者でごった返した。路線は1971年（昭和46年）に廃止になった。

西4丁目線

1918年（大正7年）の電車開業と同時に開業した停車場前～中島公園間のうち、停車場前～薄野交番前間は西4丁目線と呼ばれた。1971年（昭和46年）に札幌駅前～三越前間が廃止になり、1973年（昭和48年）に三越前～すすきの間も廃止になった。2015年（平成27年）に名称を都心線と変えて、西4丁目～すすきの間に再び電車が行き交うようになった。

中島線

中島線は1918年（大正7年）に停公線として開業した。中島線は薄野交番から電車が東に折れ、すぐにまた松竹座（薄野交番前の東、現在の第3グリーンビル）の角で曲がって、中島公園へと向かった。市立高女は札幌東高校の前身で、現在の札幌パークホテルの地にあった。中島線は1948年（昭和23年）に廃止になった

西20丁目線

北5条線と一条線を結んだ路線。開業は1929年（昭和4年）。1971年（昭和46年）に廃止になった。西20丁目線界隈には現在、専門学校や札幌地方気象台が建てられている。長生園は市営老人ホームの名称。

豊平線

すすきの交差点から国道36号を豊平方面へ向かう路線。1924年（大正13年）に豊平川を渡って白石遊郭近くの大門通まで開業し、1929年（昭和4年）に終点の豊平駅前まで延長した。昭和30年代までは豊平駅前で降りて、定山渓鉄道へ向かう乗り換え客で賑わった。定山渓鉄道が1969年（昭和44年）に廃止になる前の1966年（昭和41年）に豊平駅前の引き込み線が撤去され、1971年（昭和46年）に豊平線も廃止になった。

桑園線

桑園地区は近年マンションの建設が相次ぎ、人口が増え続けている。地名の由来は1875年（明治8年）、屯田兵に養蚕をすすめるため桑畑にしたことによる。札幌駅の貨客分離で道内外の卸の本・支店が集結し、戦後は物流拠点として発展した。桑園線が開業したのは1929年（昭和4年）。桑園駅通と桑園駅前との間を結んだ。最後まで単線で利用者が少なく、1960年（昭和35年）に廃止になった。

苗穂線

1919年（大正8年）に開業した。札幌駅前通から道庁前で分岐して北3条通を東に向かう路線。東4丁目には札幌麦酒醸造所（現在のサッポロビール）の工場や終点近くには国鉄苗穂工場があり、沿線は商業・工業地帯として発展した。路線は1971年（昭和46年）に廃止になった。

鉄北線

札幌駅から西5丁目通を北へ向かう路線。1927年（昭和2年）に北18条までが開業した。陸橋から北18条付近までは、北大の広大なキャンパス沿いを走るため、北大通（以前は大学通）とも呼ばれる。北部は昭和40年代まで人家もまばらな田園地帯だったが、その後の急速な人口増加にともない、1952年（昭和27年）に北24条、1959年（昭和34年）に北27条、1963年（昭和38年）に麻生町、1964年（昭和39年）には新琴似駅前まで延伸した。コストを優先し北27条より北は非電化で開業し、当初は路面ディーゼルカーで運行されたが、1967年(昭和42年)に全線が電化された。北24条界隈は、札幌でも有数の繁華街に数えられ、最盛期の昭和40年代には約800の飲食店が軒を連ねた。1971年（昭和46年）の札幌市営地下鉄南北線の開業にともなって、並行する北24条以南が廃止となると、3年後の1974年（昭和49年）に全線が廃止になった。

048 4丁目十字街

1920年（大正9年）〈札幌市交通局〉

大正〜昭和初期〈札幌市交通局〉

1926年（大正15年）〈函館市中央図書館〉

4丁目十字街 昭和戦前 〈札幌市中央図書館〉

拡幅前の駅前通 1963年（昭和38年）＜北海道新聞社＞

1958年（昭和33年）＜北海道新聞社＞

1964年（昭和39年）＜北海道新聞社＞

2015年（平成27年）＜朝倉政雄＞

Before The Station, Sapporo.
札幌停車場前

050
札幌駅前

大正～昭和初期 ＜函館市中央図書館＞

1955年(昭和30年) ＜北海道新聞社＞

1959年(昭和34年)＜和久田康雄＞

1960年代＜和久田康雄＞

1971年(昭和46年)＜札幌市交通局＞

1961年(昭和36年)＜札幌市公文書館＞

1965年(昭和40年)＜札幌市公文書館＞

1969年(昭和44年)＜札幌市交通局＞

1968年(昭和43年)＜札幌市交通局＞

054
札幌駅前通

札幌駅前　1959年(昭和34年)＜和久田康雄＞

五番舘前　1959年(昭和34年)＜和久田康雄＞

グランドホテル前　1971年（昭和46年）＜富樫俊介＞

道庁前　1971年（昭和46年）＜富樫俊介＞

北1条西4丁目 1960年(昭和35年)〈北海道新聞社〉

北2条西4丁目 1957年(昭和32年)〈北海道新聞社〉

大通公園付近 1955年(昭和30年)〈北海道新聞社〉

4丁目十字街 1958年(昭和33年)〈北海道新聞社〉

南3条西4丁目 1973年(昭和48年)〈富樫俊介〉

1962年(昭和37年)〈北海道新聞社〉

058 都心線

南2条西4丁目付近　2018年(平成30年)＜青山秀行＞

狸小路　2017年(平成29年)＜青山秀行＞

市電コラム「復活した"狸小路電停"」

　2015年（平成27年）12月の都心線開業（ループ化）にともない、それまでの終点だった「西4丁目」と「すすきの」の両電停の間に"新設"されたのが、「狸小路」電停。内回り・外回りの双方とも、歩道に設けられた停留場から直接電車に乗車することができるため、最近はかなり利用者が増えているように感じられる。なかには、内回りの「西4丁目」や外回りの「すすきの」からでは座れないことを見越して、わざわざ「狸小路」まで歩いてきて電車に乗られる方も、居られるようだ。

　この「狸小路」電停、"新設"ではなく"復活"されたのだ…と言えば、驚かれる方も多いのかもしれない。1918年（大正7年）に札幌の路面電車が開業した当時から、実は「狸小路」電停は存在していた。ところが、1941年（昭和16年）に勃発した太平洋戦争を機に日本全土の戦時体制が強化されて行くなかにおいて、バス路線の運行休止にともなう乗客増に対応するための運行の円滑化と、節電を図るために1942年（昭和17年）5月から朝夕ラッシュ時の急行運転が実施されることとなり、「狸小路」電停については、急行時間帯において通過扱いとされた。さらに、1943年（昭和18年）1月には急行運転を廃止のうえ、急行時間帯に通過していた各電停を廃止することとなり、「狸小路」電停はこの時に廃止を余儀なくされたのである。1945年（昭和20年）の敗戦後も、電停は復活することなく1973年（昭和48年）4月の路線廃止を迎えることとなり、廃止から42年のブランクを経て、今回のループ化にともなって72年ぶりの"復活"を果たしたのである。

　仮にループ化後も「狸小路」電停が復活していなければ、マチ歩きの利便性は大きく損なわれ、ループ化の効果にも影響が及んでいたであろうことは想像に難くない。狸小路の守り神として5丁目に鎮座する「本陣狸大明神」の、商売繁盛を叶えるためのイキな計らいだったのだろうか。
（早川淳一）

すすきの

停公線　大正中期 ＜札幌市中央図書館＞

1953年（昭和28年）＜北海道新聞社＞

1958年（昭和33年）＜北海道新聞社＞

1960年（昭和35年）＜北海道新聞社＞

1986年（昭和61年）＜札幌市交通局＞

1987年（昭和62年）＜札幌市交通局＞

1994年（平成6年）＜朝倉政雄＞

2015年（平成27年）＜北海道新聞社＞

一条線 西4丁目～西15丁目

西4丁目 1980年(昭和55年)＜札幌市交通局＞

西5丁目 1980年(昭和55年)＜札幌市交通局＞

西4丁目 1982年(昭和57年)＜札幌市交通局＞

西5丁目 1986年(昭和61年)＜早川淳一＞

西4丁目 2018年(平成30年)＜北海道新聞社＞

西8丁目　1981年(昭和56年)＜札幌市交通局＞

西12丁目　1983年(昭和58年)＜札幌市交通局＞

中央区役所前　1983年(昭和58年)＜札幌市交通局＞

西12丁目　1981年(昭和56年)＜札幌市交通局＞

中央区役所前　1982年(昭和57年)＜札幌市交通局＞

064
一条線　交通局前〜円山公園

円山公園　1973年(昭和48年)＜富樫俊介＞

円山公園への花見客が押し寄せる　1958年(昭和33年)＜北海道新聞社＞

医大病院前 一条線廃止記念の花電車 1973年(昭和48年) <札幌市交通局>

医大病院前 1971年(昭和46年) <札幌市交通局>

066 西20丁目線

1971年(昭和46年)〈札幌市交通局〉

1971年(昭和46年)〈札幌市交通局〉

1971年(昭和46年)〈札幌市交通局〉

桑園線

1960年(昭和35年)〈星良助〉

1960年(昭和35年)〈星良助〉

1960年(昭和35年)〈星良助〉

市電コラム「信号機とポイント」

「信号機に表示される、黄色矢印信号の意味は？」…と問いかけて、すぐに正解できる人は、案外少ないかもしれない。この本を手に取られている皆さまはいかがだろうか…？

交差点で路面電車に対し、進行方向を示す信号なのだが、札幌市内に住んでいても、市電沿線に住んでいるか、あるいは日常的に市電沿線を車で走る機会が多い方でないと、なかなか身近に感じられないように思う。

実際、2015年（平成27年）12月の市電ループ化開業直後には、すすきの交差点でこの黄色矢印と同時に車が発進し、市電とあわや接触！というシーンを何度か目にしたし、最近でも発進しようとして警笛を鳴らされている車を目にすることがある。「こんな紛らわしい信号で優先される電車の、どこが安全と言えるのか」と、ネット上などでは極論を展開される方も時折見かけるが、本来の交通ルールに基づいており、何ら市電に落ち度はない。もちろん、多くの乗客を運ぶ公共交通が優先されるべきであることは、論ずるまでもないだろう。

また、札幌市電では営業線でのポイント切替をどのように行っているのか、お気づきになられた方はどのくらいいらっしゃるだろうか。他都市では、架線に設けられたトロリーコンタクタを集電装置でたたいてポイントを作動させるケースが多いのだが、札幌ではかつて集電装置のない路面ディーゼル車を運行していたこともあり、軌道上の絶縁回路とタイマーを組み合わせて、この絶縁部分を通過するか、一時停止するかでポイントを切り替える方式を採用している。

路線縮小が相次いだ後、この方式のポイントは長らく電車事業所前の入庫線との切替ポイントのみで使用されていたが、ループ化開業後は「すすきの」電停の折返線に関連するポイント操作も、この方法で行われている。（早川淳一）

市電コラム「ワンマンカー余話」

札幌市電でのワンマンカー運行開始は比較的遅く、1970年（昭和45年）2月22日の3系統（医大病院前～札幌駅前～豊平8丁目）での運行が最初であった。その後、同年11月から7系統（新琴似駅前～札幌駅前～すすきの）、翌1971年（昭和46年）5月から4系統（苗穂駅前～三越前～静修学園前）が順次ワンマン化され、最終的には同年12月の路線縮小にともなうツーメン車全廃（連結車を除く）により、ワンマン化が完了している。

現在の札幌市電では、「後乗り前降り・運賃後払い」となっているワンマンカーだが、この形態に改められたのは1972年（昭和47年）1月からで、それまでは「前乗り後降り・運賃先払い」となっていた。ワンマン改造が行われた車両には車外スピーカーが追設されているが、このスピーカーも当初は前扉近くに設置されており、1978年（昭和53年）～1981年（昭和56年）に実施された車体改修の際に、後扉側に移設されている。

なぜ、ワンマン化当初に「前乗り後降り」の形態が採用されたのかは詳らかではないが、最初にワンマンされた3系統の終点である「豊平8丁目」（1969年11月の定山渓鉄道廃止にともない、「豊平駅前」から改称）の安全地帯が片側にしかなく、降車時の運賃扱いが困難であったことも、一因ではないだろうか。当時の「豊平8丁目」電停では、降車時には進行方向右側の中扉を開けることとなるため、運転台に「右中ドア」と記されたキースイッチが設けられていた。

ちなみに、1961年（昭和36年）からひと足先に運行を開始していた札幌市営バスのワンマンカーも当初は前乗り後降りで運行されていたが、1971年からの整理券方式による多区間ワンマンカー運行開始にともない、やはり後乗り前降りに改められている。（早川淳一）

068
山鼻西線

交通局前　1980年(昭和55年)＜札幌市交通局＞

交通局前　1981年(昭和56年)＜札幌市交通局＞

交通局前　1971年(昭和46年)＜札幌市交通局＞

交通局前〜西線6条　1980年(昭和55年)＜札幌市交通局＞

西線6条 1983年(昭和58年) ＜札幌市交通局＞

西線6条～西線9条 1961年(昭和36年) ＜北海道新聞社＞

交通局前～西線6条 1983年(昭和58年) ＜札幌市交通局＞

西線6条 1981年(昭和56年) ＜早川淳一＞

西線6条～西線9条旭山公園通 1983年(昭和58年) ＜札幌市交通局＞

西線9条旭山公園通〜西線11条　1978年(昭和53年)＜朝倉政雄＞

西線9条旭山公園通　2000年(平成12年)＜朝倉政雄＞

西線11条　1976年(昭和51年)＜朝倉政雄＞

西線11条　1978年(昭和53年)＜朝倉政雄＞

西線11条　1985年(昭和60年)＜早川淳一＞

西線14条 1971年(昭和46年)＜奥野和弘＞

西線16条 1993年(平成5年)＜札幌市交通局＞

西線16条 1975年(昭和50年)＜和久田康雄＞

西線16条〜ロープウェイ入口 2012年(平成24年)＜朝倉政雄＞

ロープウェイ入口〜電車事業所前 1975年(昭和50年)＜和久田康雄＞

教育大学前　1981年(昭和56年)〈奥野和弘〉

教育大学前　1986年(昭和61年)〈札幌市交通局〉

電車事業所前　2009年(平成21年)〈朝倉政雄〉

学芸大学前　1964年(昭和39年)〈札幌市公文書館〉

教育大学前　1987年(昭和62年)〈札幌市交通局〉

073

教育大学前　1972年(昭和47年)＜堀淳一＞

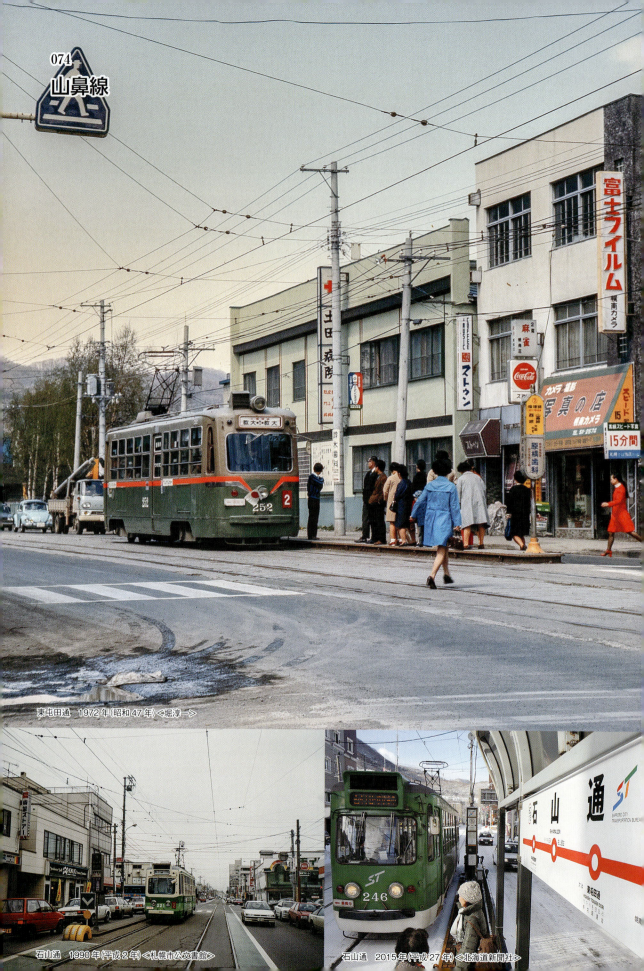

074 山鼻線

東屯田通 1972年(昭和47年)＜堀淳一＞

石山通 1990年(平成2年)＜札幌市公文書館＞

石山通 2015年(平成27年)＜北海道新聞社＞

柏中学前　1962年（昭和37年）＜札幌市公文書館＞

幌南小学校前～山鼻19条　2012年（平成24年）＜朝倉政雄＞

山鼻19条　1985年（昭和60年）＜札幌市交通局＞

山鼻19条　1990年（平成2年）＜札幌市公文書館＞

山鼻19条　1985年（昭和60年）＜早川淳一＞

中央保健所前（現山鼻9条）〜東本願寺前　1987年（昭和62年）＜札幌市交通局＞

行啓通　1985年（昭和60年）＜早川淳一＞

行啓通　1973年(昭和48年)＜北海道新聞社＞

行啓通　1985年(昭和60年)＜札幌市交通局＞

中島公園通〜山鼻9条　1960年(昭和35年)＜北海道新聞社＞

山鼻9条　1994年(平成6年)＜朝倉政雄＞

中央保健所前　1991年(平成3年)＜早川淳一＞

東本願寺前　1961年（昭和36年）〈北海道新聞社〉

東本願寺前　2015年（平成27年）〈北海道新聞社〉

東本願寺前　1999年（平成11年）〈北海道新聞社〉

市電コラム「三越前発⊕前行…？」

　札幌都心の百貨店として、長年にわたり親しまれている札幌三越と丸井今井本店。歩けば2丁もない距離のこの両店前の電停を起終点とする市電の系統が設定されていた…と言えば、不思議に思われる方も多いだろう。

　1970年（昭和45年）8月の系統改正で、それまで苗穂駅前～三越前～教育大学前～⊕前間で運行されていた8系統が系統分割され、苗穂駅前～三越前～静修学園前間の4系統（1971年5月ワンマン化・1971年10月廃止）と、三越前～教育大学前～⊕前間の8系統に再編されたことにより、この系統が生まれている。

　つまり、両百貨店間をダイレクトに結んでいたのではなく、三越前から山鼻線・山鼻西線・一条線をひと回りして、⊕前へ向かう環状系統となっていたのであるが、この当時の方向幕では「三越←教大→⊕前」と両店の名前が並べて表記されており、何となく奇異な感じもしたものである。

　8系統は1971年（昭和46年）12月の路線縮小にともなう系統再編により、それまで4丁目十字街に設けられていなかった西4丁目線（当時）と一条線との連絡線を新設して「2系統」に改められ、完全な循環運転を開始したものの、1973年（昭和48年）4月の路線縮小で西4丁目線が廃止されたため、西4丁目～すすきのの間の折返し運行に改められた。

　それから42年を経て、2015年（平成27年）12月の都心線の開業により、市電は再び循環運転を開始することとなったが、いわばこの運行形態のルーツともなっているのが、この「三越前発⊕前行」であったとも言えるのではないだろうか。
（早川淳一）

創成小学校前　1985年(昭和60年)＜早川淳一＞

創成小学校前　1980年(昭和55年)＜札幌市交通局＞

創成小学校前　1981年(昭和56年)〈札幌市交通局〉

資生館小学校前　2012年(平成24年)〈朝倉政雄〉

一条線東部

三越前　1952年(昭和27年)＜北海道新聞社＞

㊧前　1973年(昭和48年)＜札幌市交通局＞

㊧前　1973年(昭和48年)＜札幌市交通局＞

南1条西3丁目の交差点　1952年(昭和27年)＜北海道新聞社＞

082

㋕前　大正末期　＜函館市中央図書館＞

南1条西2丁目交差点付近　1964年（昭和39年）＜北海道新聞社＞

創成橋　1963年（昭和38年）＜北海道新聞社＞

頓宮前　1960年（昭和35年）＜富樫俊介＞

一条橋　1973年（昭和48年）＜札幌市交通局＞

頓宮前～一条橋　1960年（昭和35年）＜富樫俊介＞

市電コラム「どうして"⊞前"？？」

　札幌の老舗百貨店として、150年近くにわたり多くの市民や道民に親しまれてきた丸井今井。1997年（平成9年）の北海道拓殖銀行破綻を機に経営危機が表面化し、地方店舗の閉店、民事再生手続の開始、そして伊勢丹傘下入りによる経営再建と、長年にわたってライバル関係にあった札幌三越との経営統合など、さまざまな合理化策が講じられている。それでもなお、多くの札幌っ子や北海道民から「まるいさん」と、親しみを込めた"さん"づけで呼ばれているのは、ひとえに北海道を代表する老舗百貨店としての信用が成せる業なのだろう。

　丸井今井は1985年（昭和60年）の札幌本店のリモデル（大規模店舗改装）を機に、従来から広く親しまれてきた「⊞」のマーク使用を取りやめ（社章としては引き続き使用）、現在の「M」をアレンジしたマークデザインに改められているが、1973年（昭和48年）4月の一条線一部廃止まで存在していた「まるいまえ」停留場の標記は、戦時中の停留場統合廃止から復活した1949年（昭和24年）以降一貫して「⊞前」とされていた。停留場の案内標識のみならず、車内等に掲示される路線図も、電車の行先を示す方向幕や側面板まで、全ての標記が「⊞前」とされており、方向幕などでは「円山公園←⊞→一条橋」のように、単に「⊞」のマークだけが表されている例すら存在していた。

　停留場が存在していた当時から、「来訪者や観光客には理解出来ない"不親切"な表現である」とか、「公営交通が、私企業の名称を停留場の名称に使用するのはおかしいのではないか」など、さまざまな批判が取り沙汰されていた「⊞前」であったが、札幌っ子はこの名称に野暮な（？）文句を言うことなく当たり前の名称と感じていたし、実際のところほぼ普通に「まるいまえ」と読んでいた。やはり、馴染み親しんでいた「まるいさん」の老舗としての存在の重みが、こういう場面に出てきたのであろうか。（早川淳一）

一条橋　1973年（昭和48年）〈富樫俊介〉

市電コラム「停留場名余話」

　皆さまもご存知の通り、札幌の中心市街地の住所は、南北を「条」、東西を「丁目」で表示しているのが普通なのだが、札幌市電の停留場名に関する資料を調べてみると、この条丁目の名称をフルネームで表記していた停留場は意外に少ないことに気がつく。判明している限りでは、「南6条西15丁目」（現西線6条）と、「北5条西17丁目」（後の桑園学校通。1971年廃止）の2例のみで、他はことごとく、「西4丁目」「東7丁目」のように"条"を略されるか、「北24条」のように"丁目"を略されるか、あるいは「北5条11丁目」「4条東1丁目」のように、条丁目標記のどこかを略されるか…といったあんばいで、なぜかきちんと住所通り標記された停留場が少なかったのである。理由が今一つ定かではないものの、少々不思議な事象にも感じられる。

　また、現存路線では山鼻線と山鼻西線で「条」の部分が重複するのは「山鼻9条」と「西線9条旭山公園通」のみで、他の各停留場では東西を結ぶ同じ通りとの交点にあっても「中島公園通」と「西線11条」、「山鼻19条」と「ロープウェイ入口」のように、「条」の部分が同じにならないよう停留場名が定められている。おそらくは山鼻線と山鼻西線との誤乗を防ぐため、あえて停留場名を変えて「配慮」しているのかもしれない。

　また、最寄りの公共施設や近隣の著名な施設から停留場名が名付けられるケースは他都市でも多々見られるが、札幌の場合は「鉱山監督局前」（一条線）、「廟塔前」（現在の電車事業所前。東本願寺北海御廟の最寄停留場）、「長生園前」（一条線・北5条線。近隣の老人ホームの名称から）といった、比較的珍しい施設に基づいて停留場名が付けられるケースも多かった。なかでも極めつけ（？）は北5条線に存在していた「予備校前」で、近くに桑園予備校があったことから名付けられていたものの、「予備校」が停留場名に採用されていたケースはおそらく札幌だけではないだろうか。
（早川淳一）

豊平線

すすきの交差点　大正〜昭和戦前＜函館市中央図書館＞

すすきの　1971年(昭和46年)＜富樫俊介＞

すすきの　1952年(昭和27年)＜小熊米雄＞

すすきの　1971年(昭和46年)＜北海道新聞社＞

南4条東1丁目　1960年(昭和35年)＜星良助＞

086
豊平橋

1971年(昭和46年)＜富樫俊介＞

1924年(大正13年)＜札幌市公文書館＞

1962年(昭和37年)＜北海道新聞社＞

1963年(昭和38年)＜北海道新聞社＞

1971年(昭和46年)＜北海道新聞社＞

087

豊平8丁目　1971年(昭和46年)＜札幌市交通局＞

豊平3条通　1959年(昭和34年)＜北海道新聞社＞

豊平8丁目　1971年(昭和46年)＜札幌市交通局＞

豊平駅前　1967年(昭和42年)＜北海道新聞社＞

豊平商店街　1953年(昭和28年)＜北海道新聞社＞

豊平駅　1954年(昭和29年)＜北海道新聞社＞

豊平駅　1962年(昭和37年)＜北海道新聞社＞

088
苗穂線

道庁前　1971年（昭和46年）＜札幌市交通局＞

道庁前　大正～昭和戦前＜函館市中央図書館＞

道庁前　1971年（昭和46年）＜札幌市交通局＞

道庁前　1971年（昭和46年）＜札幌市交通局＞

道庁前　1971年（昭和46年）＜札幌市交通局＞

北3条西2丁目桑沢商店前　1961年(昭和36年)＜札幌市公文書館＞

北2条東4丁目札幌麦酒工場前　1936年(昭和11年)＜北海道新聞社＞

北3条東6〜7丁目付近　1961年(昭和36年)＜札幌市公文書館＞

苗穂駅前　1971年(昭和46年)＜札幌市交通局＞

札幌麦酒工場前　大正〜昭和戦前＜函館市中央図書館＞

苗穂駅前　1971年（昭和46年）＜富樫俊介＞

市電コラム「みどり・茶色・青・モノトーン」

　「札幌市電の色は？」と問われると、「みどり」を基調としたトーンを思い浮かべる方が多いだろうか。かくいう私も、物心ついた時からデザートクリームとライトグリーンに塗り分けられた札幌市電を眺めながら育った世代であるが故、まずは「みどり色」を主調としたトーンが頭に浮かぶ一人である。その後、1985年（昭和60年）の8500形登場時にはクリーム色をベースにグリーン濃淡の帯を巻いたデザインが採用され、1994年（平成6年）には交通局のCI導入施策に伴って、M101を除く在来車がライトグリーンに裾帯ホワイトの現行塗装に揃えられたが、「みどりの電車」というイメージは現在も受け継がれている。

　それでは、開業当時の札幌市電もみどり色だったのか？…と思うと、そうではない。諸先輩に教えを請うたところ、どうやら会社時代から戦前にかけての札幌市電は「樺色」や「茶褐色」だったそうで、要はブラウン系統の色だったそうである。

　敗戦後、最初のボギー車として1948年（昭和23年）に登場した500形と、引き続いて1949年（昭和24年）に登場した600形には、青をベースとして窓回りをクリーム色に塗り分けた塗装が採用され、市電ファンの先達である榎陽氏（2010年逝去）が模型化されて、現在も交通資料館に収蔵されている。その後、1952年（昭和27年）に増備された550形からはグリーン濃淡の塗装が採用され、次第に「みどりの電車」が定着して行ったのではないだろうか。ちなみに、デザートクリームとライトグリーンの塗装は1958年（昭和33年）に登場し、その後の札幌市電の基本スタイルを確立した330形で、初めて採用されている。

　2013年（平成25年）にデビューしたA1200形「ポラリス」からは、"Sapporo Creative Wind"をモティーフとしたモノトーンの塗装が採用され、2018年（平成30年）登場の1100形「シリウス」にも受け継がれている。いずれ、「みどりの札幌市電」というイメージも、過去のものになる日が来るのだろうか。（早川淳一）

北5条線

北5条西12〜13丁目 1961年(昭和36年) <北海道新聞社>

予備校前 1967年(昭和42年) <和久田康雄>

植物園前　1959年(昭和34年)＜富樫俊介＞

植物園前　1959年(昭和34年)＜富樫俊介＞

中央郵便局前　1970年(昭和45年)＜札幌市交通局＞

北5条西5丁目　1962年(昭和37年)＜札幌市公文書館＞

札幌駅前　1962年(昭和37年)＜札幌市公文書館＞

鉄北線

札幌駅前　1962年（昭和37年）＜富樫俊介＞

札幌駅前　1959年（昭和34年）＜和久田康雄＞

094
陸橋

1958年(昭和33年)＜北海道新聞社＞

鉄北連絡線工事竣工記念　1932年(昭和7年)＜札幌市交通局＞

1966年(昭和41年)＜北海道新聞社＞

昭和初期＜札幌市中央図書館＞

1950年(昭和25年)＜小熊米雄＞

1958年（昭和33年）＜北海道新聞社＞

函館本線の電化にともなって切り替えられた専用橋
1971年（昭和46年）＜富樫俊介＞

1971年(昭和46年)〈富樫俊介〉

市電コラム 「"おかばし"をご存知ですか？」

　札幌駅の近くに「おかばし」と呼ばれる橋が架かっていた…という話を聞いて、ピンと来る世代と言えば、もう30代以上の方々になるのだろうか。1988年（昭和63年）に札幌駅周辺の高架化が施工されるまで、西5丁目通の北5条西5丁目〜北7条西5丁目間には函館本線をオーバークロスする「西5丁目跨線橋」が架設されており、「おかばし」の愛称で親しまれていた。実は、この「おかばし」も、札幌市電との深い「縁」を感じさせるスポットであった。

　「おかばし」の架設以前、1927年（昭和2年）の市営化直後に既に開業していた札幌市電鉄北線は西5丁目踏切の北側から北18条までを結んでおり、市電の他の路線とは連絡しておらず、西5丁目踏切を介した徒歩連絡となっていた。車庫も独立しており、現在鉄北まちづくりセンターとなっている北区北10条西4丁目の一角に、「鉄北車庫」が設けられていた。

　この不便さを解消すべく、1932年（昭和7年）12月に「西5丁目跨線橋」の架設工事が竣工し、鉄北線と他の路線との直通運転が開始された。高さを稼ぐため、跨線橋周辺の取付道路と地盤も嵩上げする大工事となり、坂の少ない市街地に現れた跨線橋は、札幌市民に「おかばし」の愛称で親しまれることとなった。

　1960年代に入り、函館本線の電化工事（1968年8月電化開業）に伴って跨線橋をさらに嵩上げする必要が生じたが、当時は札幌市電の全盛期であり、大幹線に成長していた鉄北線を運休させることなど到底できる状況ではない。そこで、嵩上げ工事に先立って跨線橋の東側に市電専用橋が架設され、1967年（昭和42年）7月から使用が開始された。この区間は、札幌市電の営業路線で唯一の「専用軌道」区間であった。

　1971年（昭和46年）12月の鉄北線（南部）廃止にともない、この専用橋は架設後5年足らずで役目を終えて解体されたが、その後も「おかばし」には市電運行当時の架線柱が撤去まで残されており、面影を留めていた。高架化工事竣工にともない、「おかばし」もその使命を終えて1989年（平成元年）に撤去され、現在は取付道路も元の高さに戻されたため、現在では全く面影がなくなってしまった。
（早川淳一）

〔最近の札幌〕 鐵北大學通り
View of Sapporo at Hokkaido

097

北8条西5丁目付近北大正門前 昭和初期 ＜函館市中央図書館＞

北7条西5丁目付近 1961年（昭和36年）＜北海道新聞社＞

北12条付近　1960年代前半＜堀淳一＞

北大病院前　1963年（昭和38年）＜北海道新聞社＞

北27条　1970年代＜札幌市交通局＞

北27条　1974年（昭和49年）＜札幌市交通局＞

北33条　1974年（昭和49年）＜札幌市交通局＞

北37条　1974年（昭和49年）＜札幌市交通局＞

北37条　1964年（昭和39年）＜札幌市公文書館＞

麻生町　1963年（昭和38年）＜星良助＞

新琴似駅前　1974年（昭和49年）＜札幌市交通局＞

新琴似駅前　1974年（昭和49年）＜札幌市交通局＞

北34条（現在の札幌新道）付近　1974年（昭和49年）＜奥野和弘＞

新琴似駅前～麻生町　1974年（昭和49年）＜奥野和弘＞

札幌石材馬車鉄道

星　良助（鉄道史家）

開業まで

　開拓使により、銭函～小樽間の駄馬運賃が定められたのは1873年（明治6年）、東京から馬車が持ち込まれたのは、1875年（明治8年）のことであった。馬橇は1877年（明治10年）にウラジオストックを訪れた開拓使長官黒田清隆が、大工をともなって持ち帰ったという。

　1879年（明治12年）に札幌～小樽間の馬車道がJ・U・クロフォードの設計・施工で完成し、翌1880年（明治13年）11月28日には手宮～札幌の鉄道が同じクロフォードの手で開通した。彼はその馬車道の中央に線路を敷き、道路と線路を共用して使ったので、汽車の通行時には一時通行止めにされていた。もっとも当初は一日一往復しか運転されなかったから、あまり影響はなかったのではなかろうか。

　さて、札幌での馬車鉄道の発端となった石山での軟石の採掘は、1874年（明治7年）～1875年（明治8年）ころから始められたという。1876年（明治9年）には、石山から札幌までの馬車道が作られた。1879年（明治12年）木造の開拓使本庁舎が焼失したので石造りの建築が奨励され、軟石の需要が増大した。

　1901年（明治34年）に設立された石材の採掘および販売を目的とする「札幌石材合資會社」の商業登記公告は次の通りである。

```
商業登記公告
商號　札幌石材合資會社
本店　札幌區大通西四丁目六番地
目的　石材ノ採掘及販賣、石材工事請負馬車鉄道敷設運送
　　　ノ操業
設立ノ年月日　明治参拾四年拾貳月貳拾五日
代表社員ノ氏名　藪惣七
存立ノ時期　登記濟ノ日ヨリ満拾五ヶ年
社員ノ住所出資ノ種類價格及責任
　　　札幌區大通西四丁目六番地
金壹萬圓　無限責任　藪惣七
　　　夕張郡角田村六拾参番地
金壹萬圓　同上　　　福井正之
　　　札幌郡平岸村拾八番地
金壹萬圓　有限責任　高瀬和三郎
　　　札幌區南貳條六丁目壹番地
金壹萬圓　無限責任　助川貞次郎
右明治貳拾四年拾貳月貳拾七日登記
　　　　　　　　札幌區裁判所
```

　この公告にある通り、藪惣七他3名が計4万円を出資して設立した合資会社であった。その後、1902年（明治35年）9月2日登記で、「札幌石材馬車鉄道会社」と社名変更している。同年5月に札幌石材合資会社社長の藪惣七は石材を運搬するため、平岸村字穴の沢から山鼻村を経て札幌区南一條西十一丁目までの馬車鉄道の敷設を北海道庁へ出願した。

　北海道庁は札幌区会に諮問し、5月15日に臨時区会で一度審議され、28日に区会で追加議案として馬車鉄道敷設願を提出した。しかし、区会では札幌区の将来にかかわる問題なので様々な意見が出て、区長の改選期でもあったため、新区長の意見を聞き、沿線住民の意向を確かめた上で提議することにして撤回した。

　さらに常設委員会で審議されることになった。会社では路線を短縮して石山～山鼻間とし、石材・角材及び農産物の運搬を目的として願書を撤回することにした。その後、日露戦争による外国品輸入制限のために事業中止命令が出され、敷設計画は延期になった。

　1907年（明治40年）4月26日の「小樽新聞」によれば、札幌郡豊平村字穴の沢石山から山鼻を通り、札幌区南一條西十丁目の同社停車場を経て、札幌病院前・道庁門前をへて札幌停車場へ至る約七マイル半を敷設するもので、レール及び車両は既に東京築地の合資会社服部商店と購入契約済みと報じられている。

　この願いに対し、北海道庁長官は

```
　　　　　　　札幌石材馬車鉄道合資会社
明治四十年十二月十八日願軌道布設起工ノ件認可
ス明治四十年七月十八日北甲第一〇九号命令書
第三十九條ニ依ル保証金ハ工事着手前北海道庁
札幌支庁ニ納付スヘシ
明治四十一年八月二十一日
　　　北海道庁長官　河島　醇
```

と許可証を与えた。

　また1908年（明治41年）5月29日の北海タイムスには、1907年（明治40年）7月18日穴の沢～山鼻間の馬車鉄道敷設が認可されたので、起工したが、北海道庁の起工認可を得ていなかったので、1908年5月29日に道庁から一時軌道撤去を指令されたとの記

述がある。北海タイムス8月25日には、札幌石材馬車鉄道合資会社が軌道布設起工を願い出たのが1907年12月18日で、翌1908年8月21日に認可されたとの記述もあり、上記の記事とも矛盾する。

札幌石材馬車鉄道合資会社は1907年7月10日に株式会社の設立登記をした。(資本金300,000円)

1909年(明治42年)8月24日には、今までの南2条西6丁目から本社を新築移転する。

開業

内務省土木局第19回統計年報によれば、

```
明治43年中ニ新規開業シタル馬車軌道ハ左ノ如シ
札幌石材馬車鉄道株式会社
  札幌郡平岸村字穴ノ沢ヨリ同郡藻岩村字山鼻村界ニ至ル
  特許40年7月 開業43年4月 資本金40,000円 7哩50
```

とあり、建設費は62,031円、使用している客車は2両、貨車は46両と記述されている。

実際は1910年(明治43年)5月1日の「小樽新聞」に

```
謹告
  本日ヨリ札幌石山間旅客及貨物運輸開始致候此
  段謹告ス
     明治四十三年五月一日
           札幌石材馬車鐵道株式會社
```

の広告にあるように、郊外線は5月1日に開業した。

市内線の建設については、前に述べたように何度も区会で審議されたが、1910年(明治43年)12月12日に起工認可申請が出された。

```
将来人口が10万人に達した時には電車にするか、または区の買収に応ずる内約なりという。
                (小樽新聞 1910年12月28日)
```

```
      特 許 状
                札幌石材馬車鐵道株式會社
  右會社ニ對シ軌道ノ敷設スルコトヲ特許シ一般運輸ノ
  業ヲ營ムコトヲ許可ス
  仍テ別紙命令書ノ條項ヲ順守スヘシ
     明治四十三年十月十五日
        内閣總理大臣  侯爵  桂  太郎
        内務大臣   法學博士 平田東助
```

札幌市街馬車鉄道株式会社へ改称

1911年(明治44年)2月15日に開催された株主臨時総会で札幌石材馬車鉄道株式会社の商号が札幌市街鉄道株式会社へと変更になった。また、北海道拓殖銀行からの借入金3万円(年9分)は、愛国生命保険会社からの事業費を加え5万円(年7分)借入れを締結したことを承認された。(小樽新聞 1911年2月17日)

特許状が出たので早速起工認可の申請をしたので、本来であれば春までには竣功させる予定であった。

しかし道庁の起工認可がなかなか降りず、いたずらに認可の指令を待っている状態であって、11月18日臨時株主総会を開き、対策を協議したが、七人の委員付託に決し、その調査終了後、会社重役の意見とともに再び臨時総会を開いて決議をする段取りとなった。

市街線の建設は、翌1912年5月21日に請負人入札を執行した。7月15日に札幌市街鉄道株式会社は、社名を札幌市街軌道株式会社に変更した。

市街線開業

1912年(大正元年)8月に軌道敷設工事を竣工し、15日に道庁土木部松田技師と岩間属、ならびに札幌警察署有田警部補の三氏が検査を実施した。会社側は助川専務と岩田工務主任が対応した。8月19日に運輸開始が認可され、20日に開業の運びとなった。

その線路は次のとおり。

```
市街線  南一条西十四丁目師範学校前~南一条西十一
        目~西七丁目左折~北五條~西三丁目
        北三條西三丁目~苗穂駅
        南四條西三丁目~豊平橋
        南一条西七丁目~東二丁目
        北三條東二丁目~南四條東二丁目
                (北海タイムス 1912年8月13日)
```

賃金は普通片道5銭・往復9銭・軍人3銭・30回の回数券1円20銭・学生定期券1ケ月通用1円・学校職員同上1円20銭と定められたが、開業を祝って当分片道3銭均一の大サービス。今まであまり出歩かなかった婦女子が乗車した結果、満員御礼の盛況であった。

車両17・馬匹42・御者車掌57で営業している札

幌市街馬車軌道は、1日平均60〜70円の収入があると報じられている。(北海タイムス1912年9月19日)

10月20日に新しい切符を発売した。すなわち

普通定期切符30日間通用	金1円50銭
学生定期切符 同	金1円
学校職員定期切符 同	金1円20銭
回数切符30回用	金1円
小児7歳以上13歳未満片道	金3銭

の5種類。

運転初年の1912年(大正元年)12月になると、積雪のため運転不能となり、馬橇50台に替えて運輸開始することとなった。1913年(大正2年)4月には愛国生命の代理店を個人助川貞次郎から札幌市街軌道株式会社に変更した。これは社債の借り入れ先を北海道拓殖銀行から愛国生命に借り換えたもので、大正元年末時点での借入金は、92,860円と大変大きな数字になっていた。愛国生命では新規契約者に札幌区内馬鉄無賃乗車券を贈るというサービスを実施した。

1913年6月4日 複線工事実地調査が道庁土木係猪股技師の手で行われた。場所は

札幌停車場前〜遊園地
師範学校前〜南1東1
札幌停車場前〜苗穂停車場前
劇場大黒座前〜豊平橋

の4カ所であった。この工事は7月25日に施工認可され、小樽区の中沢幾五郎請負と決まった。

8月16、17日に札幌停車場前〜中島公園間の複線が完成したので、公園池上で午後7時から仕掛け花火の催しをした。10月1日に複線工事が終了、その距離4哩で工賃は5,000円を要した。10月一カ月の市街線乗客は60,886人、収入は3,225円72銭・石山線のそれは1,347人、220円10銭と報告されている。11月の市街線乗客は38,778人、収入は2,301円36銭・石山線のそれは905人、136円35銭・貨物1,205t、収入は760円82銭と報告されている。

1914年(大正3年)3月21日に札幌工作会社で新式車両20余台を製造中との記事があり、地元で車両が製造された。(北海タイムス3月21日)

監督官庁である内務省土木局の年報によれば、1911年(明治44年)末の馬車数は2両、1912年(大正元年)末の馬車数は32両、1913年(大正2年)末の馬車数は29両である。

1914年(大正3年)3月の市街線の乗客36,957人で、収入は1,826円31銭の由。
(北海タイムス4月9日)

3月には賃金改正を目指し、区間制を採用しようと試用すべく1区3銭、2区5銭、3区6銭、4区7銭として認可申請したが、4月17日賃金を均一制に復し実施。(小樽新聞4月17日)

車両

	1910年	1911年	1912年	1913年	1914年	1915年	1916年	1917年	1918年	1919年
	明治43年	明治44年	大正元年	大正2年	大正3年	大正4年	大正5年	大正6年	大正7年	大正8年
客車	2	2	32	32	41	41	41	41	30	24
定員	24	24	390	414	576	492	492	492	360	624
1両あたりの定員	12	12.9	12.2	14	12.2	12	12	12	12	26
貨車	46	46	73	63	58	56	56	56	56	24
1両あたりの積載量	2t	2t	2t	2t	2t	2t	2t	2t	2t	2t

各年度鉄道統計資料

電化計画

電化計画については、1915年(大正4年)6月1日にその筋に提出したが、その内容は次の通りである。

電車変更費32万円、内軌道工事費21万0265円、車庫引込及車庫内電線料1500円、車両40両及車庫並その他設備費10万8235円、収入一日乗客平均6000人(1人4銭均一)とし一ケ年の収入96,860円に対し経常60,000円を要するものとし、差し引き36,860円の利益 現在馬鉄一日の平均乗客4200人、又函館電車の乗車人員率は住民総数の百分の十なるも本会社は百分の六と見積もる

　第一期線　停車場線　1M40C　遊園地線　1M38C
　(現在の　南一條線　46C　西四丁目線　70C
　馬鉄線)　豊平線　38C　苗穂線　1M28C
　　　　　東二丁目線　49C　合計　10M44C
　第二期線　豊平線　終点より豊平町を経て25連隊に至る
　(予定線)　　12M59C
　南四丁目線　道庁より南四條既設線に接続して南行し女子職業学校にて左折し遊園地線に接続す　45C
　北五條線　南四丁目既設線を起点として西行し西20丁目にて左折し南行して円山線に接続す　1M38C
　南一條線　同上二丁目既設線を起点として東行し東三丁目にて右折し更に南行して豊平既設線に接続す　25C
　北一條線　西十丁目畑1の5の地先既設線を起点とし北行して北一條西十四丁目に至る　19C　同線に接続し同所を右折して北一條西四丁目一番地先の既設線に接続するもの　1M10C
　北三條線　北三條西三丁目を起点として東行し同西三丁目に至り既設苗穂線に接続　6C
　円山線　南一條西十一丁目畑一番地の既設線を起点として西行し藻岩村大字円山神社前に至る　65C

```
合計 7M25C31N     （小樽新聞 1915 年 6 月 7 日）
※ M はマイル、C はチェーン、N はノット
```

1916年（大正5年）4月15日石山線時刻改正を行った。

```
札幌発  6:00  7:20  10:50  12:10  15:40  17:00
石山発  8:30  9:50  13:20  14:40  18:00  19:20
```

札幌電気軌道株式会社と改称

1916年（大正5年）10月10日に開催された臨時株主総会では、第一條30万円の資本金を100万円に増資すること、第二條 札幌市街鉄道株式会社を札幌電気鉄道株式会社と変更すること、第三條 増資に関する方法及工事監督上特別委員を設けることを協議。いずれも可決した。

翌1917年（大正6年）8月9日、会社の商号が「札幌電氣軌道株式會社」に変更された。本社事務所を南2条通に向かい、車庫・変電所・鍛冶工場・修繕工場・木工場を建設する計画で、9月から着手され、電柱の建設も10月から着手された。車両は名古屋電気鉄道より30人乗り23台と、散水車1台を購入することに決めた。

1918年（大正7年）2月に電気軌道敷設特許を得て、3月27日に電気事業経営許可を、4月11日には工事施行方認可申請書提出した。変電所は大通西4丁目4番地に設置。レールは米国GC商会から買い入れた45ポンド軌條12哩分、約900tは横浜港に到着。1哩約20,000円で総額240,000円、横浜税関構内受渡の契約であった。

このレールは室蘭の楢崎所有の小川丸で4月15日と、4月25日に室蘭へ運ばれてきた。（北海タイムス2月27日）軌道敷設工事は19,000円で、旭川の荒井初次郎と小樽の中沢幾五郎の協同作業で4月1日着手した。完成予定は6月25日の予定。（北海タイムス3月4日）

4月1日に馬鉄の線路が撤去されて作業開始（北海タイムス4月16日）。また、不要になった馬匹の売払が3月25日に、古枕木売払が4月12日までと新聞広告に見られる。

電車車体車両は3月31日名古屋港を積出して、4月15日到着予定で、解体のうえ鉄道運搬し、札幌で組立受渡の契約であった。組み立てを担当する大工13人、ペンキ職6人、鍛冶屋5人、技手2人が派遣され、4月10日名古屋発の予定。変電機は京都積み込みが4月30日で、7月12日に室蘭到着した。7月19日に鉄道院の特許が下り、7月20日は線路敷設工事終了予定となっている。7月25日に電気工事の施行が認可され、26日・27日に変電所試験が無事行われた。27日には構内引込線で30号電車の試運転が行われ異常なく終了した。7月31日 竣工届提出を終え、その後逓信省電気工作物使用認可を得ていよいよ開業待ちとなった。

電車の開通

1918年（大正7年）8月12日の夕刻本省より電報で許可があり、早速夜間から営業に入った。翌8月13日は早朝より運転し、13時より開業式が「西宮本店」で華やかに執り行われた。夜は花電車を運転して開業を祝った。

```
第一号線 円山東三丁目線
藻岩村大字円山 37 番地先～南 1 西 14 畑 1 番地の 5 先 単線
62C50N
南 1 西 14 畑 1 番地の 5 先～南 1 東 3 丁目 9 番地先 複線
32C80N
右折南 4 東 3 丁目 1 番地先豊平線に接続 複線 19C65N
第二号線 停車場中島公園線
北 4 西 4 の 1 地先より南 4 西 3 の地先を経て中島公園 複線
1M20C70N
第三号線 道庁前苗穂線
北 3 西 3 の 1～北 3 東 3 第 2 御料地 10 号地先～苗穂町 36
番地先 1M14C80N
第四号線 本社前停車場線
南 1 西 11 乙 1 号地先～北 4 西 11 の 1 地先～北 4 西 3 単線
1M7C40
第五号線 大黒座前豊平線
南 4 西 2～南 4 東 2～南 4 東 14  豊平橋詰 複線 38C
第六号線
車庫引込線 南 1 西 11 丁目～本社構内 10C90N
```

電車客扱女子採用 年齢 16 歳以上 25 歳未満
　　　　　　　　身体壮健ノモノ
　　　　　　　　日給 35 銭以上 60 銭未満
　　　　　　　　　　　　　　　（小樽新聞 4 月 23 日）
電車車掌運転手募集 年齢満 18 歳以上 35 歳未満
　　　　　　　　身体健全ニシテ業務ニ耐ヘ得ル者
　　　　　　　　月収 18 円以上 30 円以内
　　　　　　　　合宿所ノ設備アリ

　　　　　　　　　　　　　　　（小樽新聞 7 月 1 日）

など従業員募集の広告が紙面を賑わせた。

札幌市電の車両史

澤内一晃

本稿は馬車鉄道を扱った星良助氏の後を受け、改軌・電化後に在籍した車両について紹介するものである。一般に路面電車の車両史は車歴など表面的な事象を追うだけで、本質である技術要素についてはあまり検討されてこなかった。その一因として、路面電車は長く左前の時代が続いたことと、技術的には1980年代以降に急発展したものであり、それまでは単純な構造だったことから重要視されていなかったことがあるのではなかろうか。

ところで、札幌市交通局は地下鉄・路面電車ともに全国的に見ても個性の強い車両群を擁すが、技術的にも多くの挑戦が行われており、見るべきものが多い。そこで、後世史家の視点で在籍全形式を詳述してみたい。解説は、四輪単車、初期ボギー車、タマゴ形流線型電車、気動車、連結車、新型車、事業用車の7種にグルーピングし、それぞれのグループにおける登場順で配列している。車歴情報は拙書『北海道の私鉄車両』(2016) 北海道新聞社との差別化のため簡潔にとどめたので、別途ご参照いただきたい。なお、別章で述べられているように、札幌市電の民営時代はたびたび社名が変更されているが、1927年(昭和2年)12月の買収以前は特段の事情がない限り、札幌電気軌道と表記する。また、各車、駆動装置や制御器の方式に言及がなければ吊掛駆動の直接制御車である。

【四輪単車の時代】

馬車鉄道時代の札幌市街軌道は、市街線敷設条件として1919年(大正8年)までの電化が義務づけられており、1916年(大正5年)10月に札幌電気軌道に改称するなど、電化の準備を進めていた。たまたま1918年(大正7年)8月から9月にかけて中島公園で開道五十年記念北海道博覧会が開催されることとなり、観客輸送のために改軌・電化を急ぐ必要に迫られた。

小熊米雄氏の先行研究によると1,372mm軌間に改軌のうえ最新設備の電車を投入する予定であったとされるが、1918年2月23日の動力軌間変更特許は1,067mm軌間で得ており、この時点で名古屋電気鉄道の中古車を使用することは織り込み済みであったと考える。

1921年(大正10年)の**40形**以降はすべて新造車になる。当時の路面電車は660mm車輪を用いた低床車に置き換わりつつあったが、札幌の場合、降雪時における小径車輪の安全性に対する懸念から、低床車の採用が1927年(昭和2年)と比較的遅い。また、当時の札幌の人口規模もありボギー車を導入しないなど、戦前の札幌市電は、むしろ技術的に保守的な軌道であった。

10形 11・12・14〜22・24〜32・34〜37 → 20形 22

1918年(大正7年)の札幌電気軌道の改軌電化にあたり、名古屋電気鉄道より購入された定員26名の木造四輪単車。1898年(明治31年)〜1907年(明治40年)に順次製造された名古屋電気鉄道1形が出自である。旧番号の記録がないが、同社の1形は全37両の一群で、本形式の最終番号と一致することや、番号順に製造年がきれいに並んでいることからすれば、旧番を踏襲したものと考える。

名古屋時代は「七ツ窓」と呼ばれ、オープンデッキ

22 (20形) 　1977年　札幌市交通局
円山公園で保存されていた29 (10形) を1960年に動態復元したもの。前面妻板はあるが側扉がなく、客室とデッキに分離した構造をベスチビュール式と言う

札幌市電の車両史

で古典的な二段裾絞りの車体であったが、札幌への譲渡にあたり名古屋電車製作所で更新が行われ、ベスチビュールの設置と側板の直線化が行われている。主電動機はGE-800またはウォーカー製（18.64kW/550V）を1軸のみ装架、制御器は車によってGE-R11、ウォーカーD1、ウォーカーD2を併用する。台車は軸距1,524mmのペックハム7Bを履く。

民営時代に21と32が廃車され、札幌市に継承されたのは22両であった。引継時の物件目録では11・12・14～17の主電動機が東洋TDK-13B（22.38kW/600V）に換装されていたことが確認できる。後継形式の増備により多くが事業用車の種車になり、1936年（昭和11年）までに廃車されたが、29は解体されずに保管された。戦後は文化財的価値が認められ円山公園で保存されたが、1960年（昭和35年）の単車全廃に際し、22に改番のうえ動態保存車として整備され、翌年、正式に車籍が復活する。

動態復元にあたり電装品は事業用車の予備品を流用したため、主電動機はWH-508（17.25kW/550V）、制御器はWH-B18になった。当初は乗客を乗せることも考えられていたが、運輸省は1956年（昭和31年）以降、相次ぐ通達で防火対策に乗り出していた最中にあり、不測の事態に備えて乗務員以外の乗車を認めない条件で認可した。その後も機会を見て運転されたが、手制動しかないことが問題視され、1977年（昭和52年）の市営交通50周年記念イベントが最後の走行機会になった。1993（平成5）年度に正式に除籍され、名実ともに交通資料館の保存車になっている。

本車は札幌市電最初の電車であるとともに、日本で2番目の電車である名古屋電気鉄道創業時の車両でもあるため、名古屋市電および名古屋鉄道にとっても最初の電車ということになる。その縁から2014年（平成26年）より博物館明治村へ長期貸出中である。

40形 41～68

1921年（大正10年）～1924年（大正13年）にかけ、枝光鉄工所やその後継会社である東洋車両、名古屋電車製作所の出張工事で製作された木造四輪単車。札幌電気軌道が投入した最初の新造電車で、札幌の気候に合わせて当初から側扉付で製造されている。そのため一見すると、一室構造に見えるが、運転台背後の衝立を境に亀甲状の客室が分離する高床車になっている（p30右下写真参照）。窓配置は1D8D1で、定員も42名に増加した。屋根は一般的なダブルルーフで、車幅が2,209mmに拡幅され、以後の札幌市電の車両規格を決定づけている。

67（40形）　　　　　　　　1950年　鳥崎英一
初の新造電車。側扉がついたが、デッキと客室が分離する高床車である。いくつかのロットに分かれるが、写真は名古屋電車製の最終増備車

主電動機は東洋TDK-13B（22.38kW/600V）で、本車以降、後年の連結車以外は2個装架となる。認可文書によると制御器は東洋DB1-K4とあるが、実際は製作ロットによってGEやWHの制御器も併用されたらしい。台車は41～45が枝光製のペックハム類似型、他はブリル21E。軸距はどちらも1,828mmである。制動は手制動のみであった。

1942年（昭和17年）より主電動機を芝浦SE116-Cをはじめとする予備品と交換する。この際、57～68は17.2kWのGE-264-BやWH508-Cに換装されたため出力が低下した。1948年（昭和23年）～1952年（昭和27年）にかけて廃車されたが、台車や機器は事業用車に流用されている。

105（100形）　　　　　　　1954年　榎陽
鉄骨木造で一室構造の密閉車体を採用した。台車は車輪径790mmのブリル21Eだが、本車は日車がコピーした国産台車である

100形 101～109

　1925年（大正14年）と1926年（大正15年）に東京瓦斯電気工業と田中車両で製作された木造四輪単車。定員42名と窓配置1D8D1は変わらないが、ベスチビュール式に側扉を付けた設計である40形に対し、デッキ部分を廃した構成となり、また、台枠や車体骨組が鉄骨で組まれている。側窓は構造材と側窓の干渉を避けるため、一段式落とし窓から上段固定の上昇式になった。

　主電動機はGE-264-BやWH508-C（17.2kW/550V）で制御器はWH-B18-L。本形式より終点におけるポールまわしを省略するため、ポールが前後2本装備になる。台車はブリル21Eだが、105～109は日車でコピーした台車である。手制動のみであるのは40形と同様である。

　1948年（昭和23年）に102、1950年（昭和25年）に108が廃車されたが、他は1953年（昭和28年）にビューゲル化。しかし、ボギー車の増備で翌年廃車されている。

110形 110～114
120形 120～127

　110形は1927年（昭和2年）田中車両、120形は1929年日本車両製。100形を低床化のうえ空気制動を設置したもので、110形はダブルルーフで窓配置1D8D1、120形は丸屋根で窓配置1D7D1である。従来、札幌市電は降雪時の懸念から790mm車輪を用いた高床車を用いていたが、「ササラ電車」が効果を挙げたことで低床車導入の機運が高まった。そこで660mm車輪を採用するとともに、機器も極力、国産品を使用している。

　110形の電装品は芝浦製で、主電動機と制御器はSE-103（18.64kW/600V）とRB-200、120形は日立製でHS-301-C（22.38kW/600V）とDRBC-447の組み合わせである。台車は空気制動が容易に設置できるブリル79E1を住友製鋼所がコピーしたもので、110形がS-20、120形は96Y27Nと呼称するが基本的には同じもの。軸距は2,438mmである。

　1953年（昭和28年）にビューゲル化が行われ、1959年（昭和34年）まで使用された。廃車後、電気機器は200番台のボギー車に流用されている。

130形 130～138
150形 151～161
170形 171～175

　120形を鋼製にしたもので、130形は1931年（昭和6年）日本車両、150形と170形は1936年（昭和11年）～1937年（昭和12年）梅鉢車両製である。主電動機と制御器は芝浦SE-116（22.38kW/550V）と芝浦RB-200の組み合わせ、台車はブリル79E1のコピーである日車SSを履く。

　1953年（昭和28年）にビューゲル化。また、1950年代の要目表には主電動機出力を50馬力（37.3kW）とするものがあり、当時量産されていた550～570形にあわせて四輪単車の主電動機と制御器を三菱MB172-NR（37.3kW/600V）と三菱KR-8に換装していた可能性が高い。1958年（昭和33年）～1960年（昭和35年）にかけて主要部品を200番台のボギー車に譲り廃車されたが、153と158については1962年（昭和37年）まで事業用として残された。

114（110形）　　　　　　　1958年　伊藤威信
100形の低床版で、空気制動も初採用。台車はブリル79E1に範をとった車輪径660mmの国産台車になった

123（120形）　　　　　　　　　　　　札幌市交通局
110形を丸屋根車体にしたもので、札幌市電最後の木造車となる。側窓が若干大きくなったため、110形と比べ扉間の窓が1つ少ない

札幌市電の車両史

130（130形）　　　札幌市交通局
札幌市電初の鋼製車。形態は120形をそのまま鋼製にしたものにすぎない。150形と170形はウインドウ・シルヘッダーの形状以外、130形とほぼ差異のない同形車である

152（150形）　　　1958年　伊藤威信

173（170形）　　　1954年　榎陽

【初期ボギー車の導入】

　戦時中は資材不足で満足な補修ができず、破損車両が増加するなか、職員の出征による要員不足も加わって慢性的な輸送力不足に陥った。交通局は1947年（昭和22年）に交通復興委員会を設け、復興計画を策定する。応急措置として翌年、戦後最初の新車である**500形**を投入し、札幌市電もようやくボギー車の時代に入る。しかし、**500形**は定員60名に過ぎず、全長も10m級と四輪単車とあまり変わらない小型車であった。そこで、翌年から12m級の大型車である**600形**が量産されるが、以上両形式は他都市にプロトタイプを持つ規格型と言えるものであった。

　札幌市電の独自設計車は1952年（昭和27年）の**550形**からである。車体サイズは一転して11m級に縮小するが、車体前後を絞らず前中扉にすることで、ほぼ同等の輸送力を確保した。続く**560形**以降は流線型を導入するなど、デザインも徐々に洗練されていく。1957年（昭和32年）の**320形**は車体幅を詰めることで再び12.5mの大型車体に戻り、12～13m級の前中扉車が札幌市電の標準規格として確立する。

　また、**550形**からビューゲルが採用され、在来車も1953年（昭和28年）にポール集電から脱却する。さらに新型台車や全金属車体、Zパンタグラフの採用など、装備が近代化するのも、この時代の特徴と言える。

502（500形）　　　　　　　　　　　　札幌市交通局
札幌市電初のボギー車。都電800形をベースに設計された10m級の小柄な車両だった

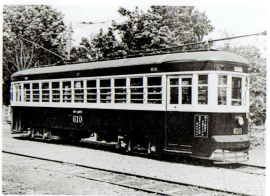

610（600形）　　　　　　　1951年　札幌市交通局
長く主力の一角を占めた12m級の大型車。規格型の一つで、原型は函館市電500形を二扉に小型化したような車両だった

500形 501〜505

　札幌市電初のボギー車で1948年（昭和23年）日本鉄道自動車製。窓配置1D7D1の小柄な車両で、要目から見ると同社が製作した都電800形をベースに、札幌市電にあわせて車体幅を2,231mmに詰めたものと考えると判りやすい。

　主電動機は路面電車用の規格型であるMT-60（37.3kW/600V）。制御器は東洋DB1-K4である。台車は形鋼組立式の日鉄自D-14。このD-14は都電5000形後期車が履くものが「統制型」として普及したものであり、その意味からしても、本形式は都電のコピーと言える性格の車である。本車が採用した台車軸距1,400mmはA830形まで札幌市電の電車用台車の標準寸法となり、例外は600形と575、および連接車の中間台車しか存在しない。

　製造当時の集電装置はポールであったが、1953年（昭和28年）にビューゲル化されている。

　定員は60名で、在来の単車と比較すれば約1.5倍の収容力があるが、後継諸形式に対して小型であるのは否めず、また車体の工作も雑だったとされる。そのため、単車に続いて代替新造の対象となり1961年（昭和36年）廃車。電装品は250形に転用された。

600形 601〜620

　1949年（昭和24年）〜1951年（昭和26年）にかけ3次に渡って量産された大型ボギー車。メーカーは日本車両、日本鉄道自動車、汽車会社の3社による。なお、正式に認可を得たのは1949・1950年製の15両が1951年、1951年製の5両は1952年（昭和27年）になっている。路面電車の監督所管は運輸省と建設省の共管のため審査が遅くなりがちだが、特に戦中

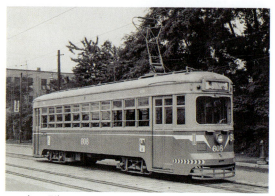

608（600形）　　　　　　1962年　札幌市公文書館
600形は2度大きな改造が施されている。まず1960年に視野拡大のため前面窓を「札幌市電形」に準じた一枚窓とし、独特な造形になった

611（600形）　　　　　　1962年　札幌市公文書館
1962年以降、旅客流動の改善のため前中扉に改造され、これが600形の最終形態となる。なお、本車は試験的に間接非自動制御化も併施した

戦後混乱期は、運用開始と認可が一致しない事例が多発するので注意が必要である。

　戦後の資材不足を背景に作られた規格型電車の一つで、特に函館市電500形は設計に共通性が高い。しかし、札幌市電は車掌が2人必要となる三扉車にはせず、曲線偏倚の関係で車体長や幅を詰めて設計さ

れた。当時の窓配置は1D11D1の両端扉で定員は82名であった。主電動機は三菱MB172-MR（37.3kW/600V）、制御器は三菱KR-8である。台車は軸距1,370mmの新扶桑金属工業製ブリル76Eだが、同社が住友金属工業に復称した頃にKS-40に改称されている。当初の集電装置はポールであるが、1953年（昭和28年）にビューゲル化。611〜620はパンタグラフを試用したものの、短期間でビューゲルに交換された。

本形式は大柄で扱いやすいと評価されて長く主力の一角にあり、さまざまな改造が施された。1961年（昭和36年）に立席を増設し定員90名になったほか、特記すべきものとして正面一枚窓化と扉移設が行われている。前者は道路事情の悪化から、視野拡大を図るため1960年（昭和35年）に施工されたもので、後述のタマゴ形流線型電車に準じた曲面ガラスを採用した。後者は混雑の平均化を図るために1962年（昭和37年）から行われたもので、後扉を廃して幅1,400mm両開の中央扉を設置し、窓配置が1D31D11411に変化した。

また、この扉移設にあわせて601・602・611・612の制御器を間接非自動制御の日車NC-350に交換されている。この4両は1970年（昭和45年）にワンマン化の工事対象として認可を得たが、翌年の路線縮小で全車一斉に廃車されたため施工されることはなかった。廃車後、615が601として交通資料館に保存されている。

550形 551〜560

1952年（昭和27年）汽車会社製の中型ボギー車。600形は収容力があるものの、両端扉のうえに前頭部が絞られていたため扉に客が滞留し、詰め込みが効かない点が問題視されていた。そこで混雑平均化のため前中扉にするとともに、前頭部を絞らずに済む中型車にしたものである。正面が特徴的な二枚窓であるのは、当時の鉄道界で流行していた「湘南型」の影響もあるが、その本質は10,800mmの小柄

550〜580形は大型車並みの収容力を持たせるため運転台を左に寄せ、座席を車端まで伸ばすことで床面積を有効活用している。写真は560形の車内　　　　　　　　（札幌市交通局）

な車体に収容力を持たせることにあり、郊外電車における半室運転台を採用したことに関係する。また、床面も台車部の勾配を廃止して完全なフラットになり、これらにより大型車と遜色のない定員80名を確保した。

電装品等は基本的に600形と同一で、主電動機は三菱MB172-NR（37.3kW/600V）である。制御器は三菱KR-8および神鋼TD-1で台車は住金KS-40。集電装置は当初からビューゲルで登場している。

552（550形）　　　　　　　　　　　　　　札幌市交通局
10.8mの小柄な車体にかかわらず大型車と遜色ない収容力をもたせた中型車。前頭部の絞りがない前中扉車で、正面二枚窓も収容力確保の鍵である

登場時の正面窓は落とし窓であったが、後年、560形以降と同様の押し上げ窓に改造、方向幕も大型化された。1967年(昭和42年)～1971年(昭和46年)にかけて廃車されたが、機器は**700・710形**に流用されている。また、**551**が交通資料館に保存されたが、すでに撤去されている。

568（560形） 札幌市交通局
550形の改良増備車。流線型の外見と前照灯位置が目に付くが、他にも主電動機装架位置など、台車関係にいくつかの差異がある

574（570形） 1957年 和久田康雄
570形は前期型と後期型、試作車575の3タイプに分かれるが、本車は前期型。側窓が上段Hゴム固定になった以外は560形と変わりない

583（580形） 1957年 和久田康雄
580形は前照灯位置や台車が変更された570形後期型と同様だが、電装品メーカーが異なる。また本形式からZパンタが採用されることになる

560形561～570
570形571～574・576～580
580形581～585

1953年(昭和28年)～1956年(昭和31年)にかけて製造された中型ボギー車。製造は**576～580**がナニワ工機である以外、汽車会社である。簡単に言えば**550形**を全金属車体にし、前頭部に傾斜を付けたことで車体長が11,100mmになったものだが、形式ごとに細かい差異がある。

560形は前頭部と前照灯位置を除けば**550形**と似通った雰囲気の車だが、床面高が10mm下がり750mmになったことと、セオリーに反して台車外側軸に主電動機を装架する点が特徴である。これは積雪時の粘着力を考慮したものだが、実際の効果について明言された記録はない。台車は住金KS-40だがコロ軸になった。

570形は側窓が上段Hゴム固定のバス窓になったもので、1954年(昭和29年)製の**571～574**については実質的に**560形**の増備車にすぎない。一方、1955年(昭和30年)製の**576～580**は手元の照度不足が指摘された前照灯を窓下に戻すとともに、台車が弾性車輪付一体鋳鋼製の住金FS-71になり、あわせて主電動機装架位置が標準の内側軸になった。

580形は入札の都合で主電動機が日立HS-313-B15（38kW/600V）、制御器が東洋DB1-K24になっている。Zパンタを初めて採用し、また**585**についてはプレス組立台車の日車N-101、蛍光灯とドアエンジンを試用する。

1960年(昭和35年)に方向幕を大型化。当初の定員は80名であったが、1965年(昭和40年)頃に立席を増加し90名に変更されている。1965年に10両が**A850形**に改造され、残った車両は1968年(昭和43年)～1971年(昭和46年)にかけて廃車。一部の機器は気動車の電装に流用されている。

570形575

路面電車の技術史を紐解くと、1950年代は米国のPCCカーの影響を受け、各社各局で高性能車が試作された時期にあたる。札幌市電も1954年(昭和29年)に汽車会社製**570形**の1両を間接自動制御の試作車として製作しているが、主目的は常用電気制動の試験にあった。これは冬季における空気制動のドレン凍結を排除することを主眼としており、高加減

575（570形）
1954年　札幌市交通局
間接自動制御を採用し制動方式の改良を狙った試作車。車体は570形前期型と同形だが、軸距が詰まった台車を履く点に注意

速性能に着目した他の高性能路面電車とは本質的に異なる。

主電動機は三菱 MB172-NR の絶縁を強化した MB-172-SR（37.3kW/600V）、制御器は間接自動制御の三菱 AB-52-6MDB である。空気制動がないので CP はなく、電気制動で減速後に電磁ドラム制動を用いて停車する。台車はドラム制動を先行採用した名古屋市電 1800 形のものとほぼ同一設計の住金 FS-64。軸距が 1,200mm しかなく、弾性車輪を使用するのが特徴であった。

ところが、制動力が弱いうえ、間接自動制御は自動進段につき追いノッチ操作ができないため、小まめな停発進を繰り返す路面電車には不向きであった。そのため乗務員の不評を買い、勾配のない一条線専用車とされたが、最終的には A850 形への改造で発生した制御器と、札鉄工組合の下揺れ枕式台車に換装し、空気制動の直接制御車に改造されている。1971年（昭和46年）廃車。

320 形 321 〜 327

1957年（昭和32年）ナニワ工機製の大型ボギー車。形式が若くなったのは製造年にちなむ。大阪市電 3000 形の流れを汲むデザインで、車体長も 12,500mm になった。車体が 1 m 以上伸びたことから前頭部の絞りが復活したが、前中扉にすることで乗客滞留の問題を解決している。窓配置は 1D31D131 で、定員は 86 名であった。

主電動機は 321 〜 324 が神鋼 TB-28A、325 〜 327 が日車 SN-50N。いずれも出力 38kW（600V）である。

制御器は直接式の三菱 KR-8。台車は住友金属工業の納期の都合で東急 TS-305 を採用した。この台車は防振ゴムを巻いた軸箱を台車枠に嵌め込むことで摺動部を廃止した特異な構造であるが、衝撃吸収が不十分で乗り心地が極めて悪く、間もなく板バネを介した下天秤構造の軸バネ式に改造されたものの、抜本的な解決には至らなかった。

集電装置は製造時から Z パンタで、また本形式より蛍光灯とドアエンジンが本格採用となった。1960年（昭和35年）に方向幕を大型化。1971年（昭和46年）のワンマン化にあわせて制御器を都電 8000 形中古の日車 NC-193 に換装して間接非自動制御化、定員も 95 名とされたが、1973年（昭和48年）の一条線廃止時に廃車となる。321 が交通資料館で保存されている。

324（320形）　1971年　札幌市交通局
前頭部の絞りを持つ 12m 級の大型車だが、前中扉で旅客流動の問題を解決した。特異な台車にも注目されたい

200形 201〜208

　札幌市電は1958年（昭和33年）より四輪単車の置換に着手する。その際、電装品を流用する前提で代替新造することとしたが、車体と台車だけなら札幌近郊にも車両製造能力を持つ企業が存在するため、経費節減と地場産業の育成を目的に、泰和車両や苗穂工業など市内各社に札幌綜合鉄工協同組合（以下、札鉄工組合と略）を組織させ、組合に改造を委託することになった。その第一弾が本形式であり、結果として1両当たりの単価が3,967,680円と、320形の8,294,286円の半額以下に収まっている。

　車体は320形に範をとった全長12,500mmのもので、窓配置は1D41D131。前扉から前頭部にかけて四輪単車の台枠を流用したため前頭部の絞りが大きく、車体構造上、前扉が折戸であった。電装品は四輪単車の流用で、主電動機は三菱MB172-NR（37.3kW/600V）、制御器は芝浦RB-200。台車は札鉄工組合による下揺れ枕式プレス組立台車だが、特に形式は持たない。集電装置はビューゲルであった。

　室内照明は全車蛍光灯。201と202は1960年（昭和35年）に大型方向幕化。203以降は新造時より大型方向幕であった。定員は82名だが、1965年（昭和40年）頃に立席を追加し90名になっている。ワンマン化の対象から外され1971年（昭和46年）に廃車された。

204（200形）　　　　　　　　　　　　　　　　　　　　　札幌市交通局
320形をモデルに札幌で製造された車両で、前頭部の台枠を四輪単車から流用したため前頭部の絞りが深い。また、登場時は腰回り黄はだ色の変則塗装であった

【黄金時代を告げた流線型電車】

　札幌市電にとって、1960年代は基幹的交通機関に位置付けられた黄金時代である。1957年（昭和32年）に1日平均輸送人員が20万人を超え、1964年（昭和39年）に278,573人／日でピークに達した。

　1958年（昭和33年）に開催された北海道大博覧会の観客輸送に備え、斬新な流線型電車である330形が登場した。札幌市電は560形以来、流線型を意識した正面傾斜デザインを用いていたが、330形のような正面1枚窓の完全流線型電車は、従来の路面電車では考えられない大胆なもの

335（330形）　　　　　　　　　　　　　　　　　　　　　札幌市交通局
「札幌市電形」といえるタマゴ形流線型電車の祖。写真は竣工直後のもので、後年、正面窓下の尾灯や方向幕上のベンチレーターなどが増設されている

札幌市電の車両史

215（210形） 札幌市交通局
330形をモデルに札幌で製造された車両。四輪単車からの流用は電装品に限られる。台車は200形と同形で、本車は平軸である

212（210形） 1989年 藤岡雄一
平成初期の二度目の更新は、前照灯位置変更や正面ベンチレーター大型化など大規模で、見た目の形態が変化した。なお、ごく初期の施工車は塗装変更がされていない

だった。通常なら、こうした異端な車両は製作や補修の効率が悪いと敬遠されがちなところだが、札幌市は地元メーカーにこれらを量産させる思い切った措置を取り、流線型電車を都市札幌の風景にまで育てあげる。

技術的には間接非自動制御への過渡期の車両であり、この面においては他都市の路面電車と変わりない。しかし札幌市交通局は、1960年代を通じて次節で述べる路面気動車や「北欧調」の連結車も投入し、果ては前例のないゴムタイヤ地下鉄まで建設するなど、デザインも技術もアバンギャルドな存在であり続けた。こうした先鋭的な車両群の幕開けを告げたのが、タマゴ形流線型電車の一群と言える。

330形331～335

1958年（昭和33年）に日立製作所で製作された流線型電車。形式は製造年にちなむ。車体長は**320形**の12,500mmを継承するが、台車中心間隔を6,180mmから7,000mmに拡大し、そしてモノコック構造に由来するタマゴ形断面と、当時の常識を打ち破る曲面ガラスの正面1枚窓を特徴とする。窓配置は1D5D131で大型方向幕を初採用、定員は86名であった。

主電動機は日車NE-40N（40kW/600V）、制御器は直接式の日車NC-103である。台車は上揺れ枕方式の東急TS-309。一般的な軸バネ式の台車であるが、610mmの小輪径弾性車輪を使用したため、床面高が725mmまで低下した。集電装置は製造時からZパンタである。

1965年（昭和40年）頃に立席を追加し定員100名となり、1971年（昭和46年）のワンマン化に際して都電8000形中古の日車NC-193を用いて間接非自動制御化されている。モノコック構造のため在来車と比較して0.5t軽量であるうえ、主電動機出力が高く加速力に優れた本形式は乗務員の評価が高かった。そのため路線縮小後も温存されたが、1990年代の2度目の車体更新にあたって**3300形**に改造され、2001年（平成13年）に形式消滅している。

210形211～216
220形221～228
230形231～238

1958年（昭和33年）～1959年（昭和34年）にかけて札鉄工組合が製作した代替新造車。形式は落成時期の違いにすぎず、認可も**210～240形**は一括で受けている。評判の良い**330形**に範をとり、台枠を流用することなく新造したものだが、330形の完全コピーを目指したものが予算や技術の限界もあって自重が14tになり、車輪径660mmのため床面高も750mmに上がるなど、若干のグレードダウンが図られている。

電装品は四輪単車の流用で、**200形**や**240・250形**を含め、その対応関係は表1の通りとなる。主電動機は三菱MB172-NR（37.3kW/600V）を流用したが、**230形**については日車SN-50（37.3kW/600V）を新造している。制御器は三菱KR-8。台車は**200形**と同じ札鉄工組合製の下揺れ枕式プレス組立台車で、**210形**と**220形**は平軸、**230形**はコロ軸である。集電装置は単車由来のビューゲルであった。定員は86名だが、1961年（昭和36年）にラッシュ対策で立席を増加したため100名に変更されている。

1969年（昭和44年）～1971年（昭和46年）にワンマン化とZパンタ換装を実施。あわせて**210形**およ

表1　200〜250形機器供出車と製造割振

番号	種車	車体製作	台車製作	番号	種車	車体製作	台車製作	番号	種車	車体製作	台車製作	番号	種車	車体製作	台車製作
201	159	運輸工業	運輸工業	214	114	運輸工業	苗穂工業	231	131	泰和車両	豊平製鋼	244	154	藤屋鉄工	豊平製鋼
202	161	泰和車両	泰和車両	215	110	泰和車両	苗穂工業	232	132	泰和車両	豊平製鋼	245	155	藤屋鉄工	豊平製鋼
203	160	泰和車両	泰和車両	216	112	藤屋鉄工	苗穂工業	233	133	藤屋鉄工	豊平製鋼	246	なし	藤屋鉄工	豊平製鋼
204	172	泰和車両	泰和車両	221	121	泰和車両	苗穂工業	234	134	藤屋鉄工	豊平製鋼	247	157	苗穂工業	豊平製鋼
205	175	運輸工業	運輸工業	222	122	泰和車両	苗穂工業	235	135	藤屋鉄工	豊平製鋼	248	156	苗穂工業	豊平製鋼
206	174	運輸工業	運輸工業	223	123	泰和車両	苗穂工業	236	136	苗穂工業	豊平製鋼	251	501	苗穂工業	藤屋鉄工
207	173	藤屋鉄工	藤屋鉄工	224	124	運輸工業	茶臼山鉄工所	237	137	苗穂工業	豊平製鋼	252	502	泰和車両	藤屋鉄工
208	171	苗穂工業	苗穂工業	225	125	藤屋鉄工	茶臼山鉄工所	238	138	運輸工業	豊平製鋼	253	503	泰和車両	藤屋鉄工
211	113	運輸工業	運輸工業	226	126	運輸工業	茶臼山鉄工所	241	151	泰和車両	豊平製鋼	254	504	苗穂工業	藤屋鉄工
212	120	泰和車両	泰和車両	227	127	藤屋鉄工	茶臼山鉄工所	242	152	泰和車両	豊平製鋼	255	505	苗穂工業	藤屋鉄工
213	111	藤屋鉄工	藤屋鉄工	228	130	苗穂工業	茶臼山鉄工所	243	なし	泰和車両	豊平製鋼				

出典：小熊米雄「札幌市電」『鉄道ピクトリアル』No.135（1962.8増）

び221・222については600形や都電8000形の制御器で間接非自動制御化されている。直接制御のままワンマン化された223〜228と230形は鉄北線に封じ込まれて1974年（昭和49年）に廃車されたが、間接非自動制御車は2018（平成30）年度末時点で215・216以外現役である。

1978年（昭和53年）以降、約15年おきに更新が行われており、特に1988年（昭和63年）からの2度目の更新は正面ベンチレーター拡張や前照灯位置変更を伴う大規模なもので、これにより原型を大幅に崩している。2006年（平成18年）より3度目の更新を受け、台車枠交換により無形式だった台車に川崎KW181の形式がつくとともにコロ軸化、2015年（平成27年）には都心線開通に備えたLED方向幕化などが行われている。

240形 241〜248

1960年（昭和35年）に札鉄工組合で製作されたもの。230形をベースに制御器を日車NC-350とした間接非自動制御車である。そのため、四輪単車からの流用部品はビューゲルなどごくわずかでしかないうえ、243と246については種車となる四輪単車が事業用として残されたことから、完全新造車になっている。

1961年（昭和36年）の立席増設時に243・245・246・248は試験的に折畳座席を導入した。ラッシュ時にすべて畳んで総立席にすることが可能で、試用結果から連結車で本採用に至る。1969年（昭和44年）にワンマン化されたが、直後に245が事故廃車。残る7両は1978年（昭和53年）以降、3度の更新を経て2018（平成30）年度末現在健在である。

ところで、主電動機は日車SN-50（37.3kW/600V）を新造したが、現在は37.3kWの主電動機を循環使用しているため、検査ローテーションによっては三菱MB172-NRやMT-60を装着することもある。このことは210・220・250形についても同様である。

241（240形）　　　　　　　　　　　　　1989年　藤岡雄一
210〜240形は実質同形だが電装品に若干の違いがある。写真は最初の更新後で、215の原型写真と比較するとZパンタ化や車体裾の飾り帯が撤去されている

242（240形）　　　　　　　　　　　　　2014年　服部朗宏
平成中期における三度目の更新後の姿。台車枠などが更新されているが、大規模更新であった二次更新と比較すると外見的変化は少ない

札幌市電の車両史

254（250形）　　　　　　　　　　1990年　大幡哲海
代替新造車の一つだが、D1020番台と同形車体を採用したため13m級の大型車になる。また、200〜240形とは台車も異なる

252（250形）　　　　　　　　　　2016年　服部朗宏
三次更新で台車に川崎KW188の形式がつくとともに、都心線開通にあわせたLED方向幕化やシングルアームパンタグラフへの交換などが行われている

250形 251〜255

　四輪単車に続いて小型で車体状態も良くない500形が置換対象になり、1961年（昭和36年）に札鉄工組合で製作された代替新造車。窓配置は1D5D131と変わらないが、D1020番台同形の、屋根が薄く運転台脇や前扉脇の柱が太い車体となり、車体長が13,100mmに大型化したことから、定員も110名に増加している。

　主電動機はMT-60（37.3kW/600V）を流用したが、制御器は日車NC-350Aを新造したため、登場時より間接非自動制御である。台車は藤屋鉄工の設計によるプレス組立台車で、ノースイングハンガーの上揺れ枕方式になった。集電装置は500形から流用したビューゲルで登場したが、早期にZパンタに交換されている。

　1970年（昭和45年）にワンマン化。以後の経緯は210〜240形と同様で、前照灯位置変更やLED方向幕、シングルアームパンタグラフ化などで原型を崩しているが、2018（平成30）年度末現在全車健在である。

700形 701〜704
710形 711〜713

　認可上は新造名義であるが、鉄北線電化で余剰になった路面気動車を、更新時期に達した550・560形の機器で電装した改造車。施工は700形が1967年（昭和42年）苗穂工業、710形が1968年（昭和43年）泰和車両。種車の対照関係は表2を参照されたい。

　気動車由来の13m級大型車体を持ち、窓配置は運転台脇や前扉脇の柱が太い1D5D131。定員は90名である。形式の違いは巷間言われる種車の違いではなく、700形が神鋼TD-1を流用した直接制御車であるのに対し、710形は日車NC-350Aを新調した間

表2　気動車電装対照

番号	旧車体	台車・電装品	施工
701	D1013	558	苗穂工業
702	D1012	556	苗穂工業
703	D1001	557	苗穂工業
704	D1011	555	苗穂工業
711	D1021	559	泰和車両
712	D1022	560	泰和車両
713	D1023	561	泰和車両
721	D1037	245	泰和車両
A871	D1031	562	札幌交通機械
A872	D1034	563	札幌交通機械
A873	D1032	565	札幌交通機械
A874	D1033	564	札幌交通機械

出典：牧野田知「札幌市交通局補遺」『鉄道ピクトリアル』No.259（1971.12増）

702（700形）　　　　　　　　　1975年　和久田康雄
D1000形の電装車。正面バンパー下がスリットになっているのが気動車の名残である。台車は550形の転用のため古めかしい住金 KS-40 を履く

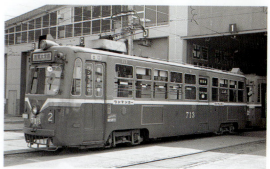

713（710形）　　　　　　　　　1985年　富樫俊介
本車も電装車であるが、種車が D1020 番台のため屋根が薄い。250形とはほぼ同形車体だが、定員は 20 名も少なく査定されている

接非自動制御車であったことによる。両形式とも主電動機は三菱 MB172-NR（37.3kW/600V）、台車は住金 KS-40 である。

1970年（昭和45年）に **710形**、1971年（昭和46年）に **700形** がワンマン化。後者は制御器をワンマン改造にあわせて都電8000形中古の日車 NC-193 に交換し、間接非自動制御化された。702～704・713は山鼻線で生き永らえたが、機器老朽化のため更新対象にならず、1987年（昭和62年）までに 8500・8510 形に置き換えられて廃車されている。

720形 721

D1037 の電装車。245 が1970年（昭和45年）1月に大型トラックと衝突し、復旧不能の損傷を負った。

同年に事故車の電装品を用いて泰和車両で製作されたのが本車であり、要は車体を交換して復旧したものと言える。種車が 1,400mm 両開扉を持つ **D1030形** のため窓配置が 1D41D1121 であり、屋根上前照灯をもたない異端車になった。定員は 90 名で、当初からワンマン車である。

機器は **240形** の流用のため、主電動機は日車 SN-50（37.3kW/600V）、制御器は日車 NC-350 の間接非自動制御車である。台車も札鉄工組合製の下揺れ枕式プレス組立台車の転用で、集電装置は Z パンタであった。鉄北線に封じ込まれ1974年（昭和49年）に廃車された。

721（720形）
奥野和弘
D1030形の電装車。中央扉が両開きで、正面屋根上の前照灯もない異端車となる。電装品は245のもので、当初からワンマン車であった

【唯一無二の路面気動車】

　札幌市電最大の特徴は路面気動車の存在にある。気動車を軌道に使用すること自体は、例えば札幌温泉軌道や余市臨港軌道など戦前期に散見されるが、いずれも鉄道用の高床車にステップをつけたものであり、「トラム」として開発されたものは、日本では札幌以外に存在しない。

　このような車両が登場した背景は、ひとえに電力事情による。戦後の市域拡張で郊外の宅地化が進むなか、基幹交通である軌道も延伸の必要に迫られる。交通局は1958年（昭和33年）1月に「デーゼル動車に関する調」との調書をまとめている。それによると、車両やメンテナンス費用は割高になるが、電気設備が不要なことから、4両配置で複線1kmを建設した場合、初年度でも2,639万円の節約になると算出した。これを根拠に1963年（昭和38年）に鉄北線北26条以北を非電化で延伸するが、16両の小世帯では運用の弾力性が得られず、異種動力併用のデメリットが目立つ結果に終わっている。

　そもそも非電化で軌道を延伸するのなら、年々大型化し路面電車と変わらない収容力を備えつつあったバスで運行する方が、固定資本がかからず合理的である。技術的に見ても路面気動車は無理な設計で整備性が悪く、さらに低床車にするうえで欠かせなかったバス用機関は頻繁にモデルチェンジされるので、15〜20年も経てば部品供給が難しくなる。そのため、早晩行き詰まる可能性が高かったと考える。

D1000形 D1001・1011〜1013・1021〜1023

　1958年（昭和33年）から製作された路面気動車。気動車はすべて東急車輛製で、**D1030形**までは札幌市電標準のタマゴ形流線型である。窓配置は**330形**などと同じ1D5D131だが、排気管を仕込むため運転台脇や前扉脇の柱が太くなり、電車に対して600mm長い13m級車体になった。開発当時はポイント操作をトロリーコンダクターで行っていたため、操作用のビューゲルが設置できるよう取付座を備えるが、試運転以外で装着したことはない。定員は92名であった。

　機関は日野DS-40（120PS/2,200rpm）。780mmの窮屈な床面高から、センターアンダーフロアエンジンバスのために水平シリンダ機関を製作していた日野以外の選択肢はなかった。また、鉄道用機関のトルクは1,800rpm程度が標準であるので、かなりの高トルクで使用していたことになる。伝達方式は液体式の新潟DBR-90で、21km/hを超えると変速クラッチから直結段に切り替わる自動変速機能を有するため、国鉄のそれと異なり運転手の切替操作は不要であった。

D1001（D1000形）　　　　　　　　　　1959年　富樫俊介
路面気動車の試作車。330形とほぼ同形のタマゴ形流線型車体だが、排気管配置の都合で13m級の大型車体になる。写真はスカートの切り欠きや正面グリルのない原型の姿

D1013（D1000形）　　　　　　　　　　1962年　和久田康雄
量産車はほぼ変更点がないものの番台変更されている。運用開始後、整備性や冷却性能の問題からスカートが切り欠かれ、正面バンパー下部もグリルに改造されている

D1021（D1000形）　　　　　　　　　　1962年　和久田康雄
同一形式にまとめられているものの、1960年の第三ロットは燃料タンクの大型化とともに屋根が薄くなっている。写真は正面バンパー下部のグリル化施行以前のもの

台車はウイングバネ式の東急 TS-107。軸距は 1,600mm で、車体高を一定に保つ必要から空気バネを用いるとともに、冬季のスリップ防止のため二軸駆動になっている。天地寸法に余裕がないなか、曲線通過時における推進軸の首振角度を抑えるため、乗り越しカルダンの極めて複雑なメカニズムを取る。制動は空気制動のほか、補助として足踏式油圧ドラム制動を備える。

試作車である D1001 の成果を受け、翌年に量産車の D1011 〜 1013 が製造された。両者に変更点はなく、当初は全周にスカートが備わる点も同一であったが、整備性や冷却性能の問題から、まもなく一部を切り欠くとともに、正面バンパー下部をグリルに変更した。1960 年（昭和 35 年）製の D1021 〜 1023 は燃料タンクを若干大型化するとともに、屋根がやや扁平になったため車体高が異なるが、形式としては D1000 形に含まれている。

D1000 形 7 両は前述の通り、鉄北線の電化で 1967 年（昭和 42 年）と 1968 年（昭和 43 年）に電装されて消滅した。

D1030 形 D1031 〜 1037

鉄北線延伸のため 1963 年（昭和 38 年）に東急車輛で増備された気動車。車体は電車同形の流線型だが、上部前照灯が省略されるとともに、中扉が 1400mm 両開に拡幅されたため窓配置が 1D41D1121 となり、定員も 90 名に減少した。

D1035（D1030 形） 1965 年 伊藤昭
鉄北線非電化延長に備えた増備車。中央扉が両開きになるとともに、台車も変更されている。また、正面窓上前照灯がない点に注意

機関は日野 DS-60（130PS/2200rpm）に増強されるとともに、D1000 形で使用されたドラム制動は調整や車輪交換が困難なため、補助制動が手制動になった。これに伴い台車の軸受方式を軸バネ式に簡略化した東急 TS-115 になる。また、マスコンの制御方式がロッド式から電磁空気式に変更され、細かい点では電灯回路が 100V からバスとの共通化を図るために 24V になっている。

鉄北線電化後の 1969 年（昭和 44 年）と 1970 年（昭和 45 年）に 5 両が電装され、残る D1035 と 1036 は 1971 年（昭和 46 年）に廃車された。

D1040 形 D1041・1042

1964 年（昭和 39 年）東急車輛製の最終増備車。機器は D1030 形と同一だが、車体が A820 形同様の優美なものに変更された。窓配置は D41D112 だが車体は D1030 形と同一寸法に収められており、定員についても両形式で変わりがない。製造から日が浅かったため電車化の機会を逸し、車齢 10 年に満たない 1971 年（昭和 46 年）に廃車。D1041 は交通資料館で保存されている。

D1042（D1040 形） 1965 年 伊藤昭
D1030 形の増備車。機器は全く同一であるが、車体が A820・830 形をモデルにした優美なものに変更された

【多彩な連結車】

　1960年代からのモータリゼーションにより札幌都心部も道路混雑が始まり、路面電車の運行速度が低下しはじめた。一方で基幹交通機関としてラッシュアワーの混雑は激しく、輸送力増強は社会的要請となっていた。そこで、大量輸送を行うことでラッシュ時のダンゴ運転を減らす目的で、1961年（昭和36年）より連結車の運行を開始する。

　最初に製作された「親子電車」はコンセプトが中途半端で失敗に終わり、以後の増備は編成単位で行われる。以下、新造の連接車が4形式13編成、改造の永久連結車が2形式7編成登場するが、札幌市電はいずれも「連結車」とし、それぞれ車号にAを付して区別した。このAは接合を意味する英単語Articulateから取られたものである。

　ここで問題になったのが運賃収受方式で、当初は前車乗車・後車降車の後払いシステムであったが、収容力が大きい分、運賃収受に要する時間も長くなりがちであった。そこで、A810形から後車乗車・前車降車とし、前車への移動中に車掌台で運賃を支払うパッセンジャーフロー方式を導入する。これにより停車時に乗降に集中できるようになり大きな時間短縮になったが、1970年（昭和45年）のワンマン運転開始にあたり、ワンマン車が前乗後降の先払いシステムを採用したため、

M101（M100形）　　　　　　　　　　　　　　　　　　1990年　大幡哲海
1970年のワンマン化で編成が解かれた後は連結関係機器が撤去されている。平成期の更新は未施工だが、2018年度末時点で方向幕LED化は施工済

各停留所で混乱を来たした。そのため、1971年（昭和46年）にワンマン車を連結車同様の後乗前降後払いに改造することになる。

M100形 M101+Tc1形 Tc1

　1961年（昭和36年）に日本車両で製造された「親子電車」。M101とTc1は電動車と制御車の関係にあたり、多客時に附随車を増結する鉄道線車両と同じ発想で製造されたものである。形態は流線型電車をモチーフに日車がデザインした角ばったもので、前照灯は正面窓下に2灯並列に設置されている。閑散時はM100形が単独運転する前提で製作されており、定員は両車とも100名だがM101は両運転台、Tc1は片運転台のため連結面に扉がなく、座席定員がM101の20名に対してTc1は21名になっている。中扉は札幌市電では初となる1,400mm両開戸を採用した。窓配置はM101が1D21D1131。Tc1は左右で異なり、運転台左側はM101と同一だが、右側は中央扉しかないので1311D131となる。610mmの小輪径車輪を用いたため、床面高は330形と同じ725mmである。

　連結運転の必要から制御器は間接非自動制御の日車NC-350Aで、主電動機は日車NE-40（40kW/600V）を使用する。制御車であるTc1も鉄北線の跨線橋通過時における登坂力確保のため、運転台側の台車が電装されていた。このためTc1は厳密な意味における制御車ではない。さらにポイント操作をトロリーコンダクターで行う個所があったため、当初は集電

連結車は後車から乗車し、下車口となる前車に移動する間に中間検札の車掌台で運賃を支払うパッセンジャーフロー方式を採用した。写真はA830形の車内。車掌台向かい座席が折畳式である点にも注意
（久保ヒデキ）

Tc1（Tc1形） 奥野和弘
M101付属の制御車。連結位置が固定されるため、車体右側には中央扉しかない。また、この写真ではTc1から集電して運行していることに注意されたい

M101とTc1の連結部。連結するジャンパ栓が多く手間がかかるため、Tc1の現役時代は分離運転を行わなかった
（札幌市公文書館）

機能があるビューゲルを備えていたが、自車に主制御器はなく、一旦全電力を**M101**に供給のうえ、改めて駆動電力を供給される配線であり自走は不可能だった。台車はエリゴバネを用いたヨーダンパ付き上揺れ枕方式の日車N-104。**Tc1**の従台車はN-104Tとして区別されている。

収容力の大きい連結車は好評裡に迎えられたが、間もなく問題が露呈する。まず1つが両車に車掌が必要につき乗務員が3名必要なこと、そして配線が多く解結に手間がかかることである。そのため、増備は連接車に変更され、本車は編成のまま朝に限定運用されるのみであった。

1970年（昭和45年）に編成を解き**M101**がワンマン改造を受けるが、**Tc1**は除籍され交通資料館に保存された。1979年（昭和54年）に連結運転を前提とする非常弁付直通空気制動を、電気制動を撤去のうえで他車同様の直通制動に改造し、1981年（昭和56年）には車体改修を受けている。1990年代の2度目の改修は行わずに**3300形**に改造されることになったが、2018（平成30）年度末時点においても施工されていない。現状、旧塗装のツートンカラーをまとう唯一の車両で、札幌市電全盛期の面影を残す車として動態保存的な扱いを受けており、都心線開通に備えた方向幕LED化も施工されている。

A800形 A801〜806

1963（昭和38）年度から連結車を本格導入することになったが、「親子電車」の問題点を解消するため、輸送力列車と割り切って使うことになった。本形式は**M100形**をアレンジした連接車だが、曲線偏倚の問題から前頭部が極端に絞られており、前照灯は窓下1灯のみになっている。窓配置は左右非対照で1D21D122+111D131。側窓は上段固定で、下段は鉄道車両には珍しいユニットサッシの引違窓を使用する。中央扉は前車が1,400mm両開、後車が1,800mm両開になるように配されたため左右で幅が異なる。定員は各車80名だが、座席の大部分が折畳式で、特に右側連結面座席を畳むと車掌台が現れる構造であったため、座席定員は前進側24名、後進側30名とされて

A805(A800形)
1963年 星良助
M100形をベースに改設計された連接車。曲線偏倚の問題から前頭部が極端に狭いのが特徴。写真は原型で、撮影翌年に右側前扉が設置されている

いた。

　電装品はM100形と同一で、主電動機は日車NE-40（40kW/600V）、主制御器は間接非自動制御の日車NC-350A。機器配置は奇数車に主制御器や主抵抗器、Zパンタを搭載し、偶数車にCPと元空気溜を搭載する。台車は両端が日車N-104Aで、中間台車は日車N-106。両台車の違いはN-106の軸距が100mm長いだけである。連接車の中間台車は附随台車であることが多いが、札幌市電は各形式とも3台車すべて電装されているのが特徴である。車輪径は610mmであるが、床面高は750mmに上がっている。

　A810形が運賃収受の問題からパッセンジャーフロー方式を採用したため、登場翌年に本形式も改造された。運転台右側扉を新設するとともに、車掌台を常設化したため、定員が各車72(24)名に変更されている。1973年（昭和48年）の一条線廃止で休車となり1976年（昭和51年）に廃車。なおA801+802は除籍前から交通資料館で保存されている。

A810形 A811〜814

　A800形の運用成績を踏まえて1964年（昭和39年）に日本車両で製作された増備車。機器は同一だが、パッセンジャーフロー方式の導入と合わせて車体を

A814(A810形)
奥野和弘
A800形の増備車だが、車体長が短くなった分、前頭部の絞りが浅くなる。前扉は折戸で、中扉は一見すると二枚に見えるが、溶接でつなげた1,800mmの巨大な一枚引戸である

A824（A820形）
奥野和弘
東急車輌の優美な車体を持つ連接車。四扉で中扉が1,800mmの両開き。A830形の写真と並べると違いが良く分かる

A837（A830形）
1965年 伊藤昭
おおまかに言えばA820形を三扉にしたものだが、中扉の構造が異なる。また、メーカーにより台車が異なるが、本車はヨーダンパのない東急TS119を履く

改設計したものである。

　1車の車体長が10,880mmから10,700mmに短縮されたことで前頭部の絞りが浅くなるが、前照灯は窓下1灯のままである。窓配置は左右対照のD11D22+22D11Dで、前扉は折戸、中央扉は扉2枚を溶接した1,800mmの巨大な引戸になった。定員は前進側が75(25)名で後進側は車掌台前の折畳座席を上げて運用するため69(23)名となっている。一条線廃止で休車となり1976年(昭和51年)に廃車。

A820形 A821～824
A830形 A831～842

　東急車輌の設計による連接車。製造は基本的に同社だが、A831～836の3編成は日本車両で製造された。曲面ガラスがサイドに回り込む流線型の正面や、天地寸法を大胆なまでに拡大した固定式の側窓、トータルデザインで設計された方向幕ケーシングや飾り帯付き2灯式前照灯など、北欧調の優美なデザインは高い評価を受け、1966(昭和41)年度に**A830形**が鉄道友の会のローレル賞を受賞する。JR以外の道内私鉄でブルーリボン賞を受賞した車は存在せず、ローレル賞にしても他に1977(昭和52)年度の札幌市営地下鉄6000系しか存在しない。

　定員はいずれも各車75(25)名であり、両形式の差異は扉数と窓配置の違いでしかない。1964年(昭

39年)製の **A820形** は窓配置 D31D11+1111D12D で中央扉が 1,800mm 両開式、1965 年製の **A830形** は運転台右側扉を廃した D2D13+2111D3 の窓配置になり、中央扉も 1,800mm 二枚引戸になった。座席は腰掛程度の簡易なもので半分が折畳可能な構造となっており、固定窓に背もたれ代わりの棒が渡されている。換気は窓上小窓で行うが、いずれにせよ開口部が限られる。床面高は車輪径が 660mm になったことから 760mm に上がっている。

主電動機は共に東洋 TDK532/5-B1（45kW/600V）であるが、制御器は **A820形** が東洋 ES-48A であるのに対し、**A830形** は日車 NC-350A を使用する。機器配置は先行形式同様、奇数車に主制御器や主抵抗器、Z パンタを搭載し、偶数車に CP と元空気溜を搭載する。台車は東急製がヨーダンパのない上揺れ枕方式の TS-119（両端）と TS-120（中間）。日車製は N-104/N-106 と同形で車輪径が異なる N-108（両端）/N-109（中間）の組み合わせである。

両形式は 1976 年（昭和 51 年）まで運用されたが、地下鉄東西線開通を期に同年 7 月で連結車運用が廃止された。これに伴い **A820形** は廃車、**A837～842** が名古屋鉄道に譲渡されるが、札幌市電から他社に移籍した車両は本車しか存在しない。残る **A831～836** は長期休車を経て 1984 年（昭和 59 年）に廃車されている。

A850形 A851～860

1965 年（昭和 40 年）に連結車の安価な増備として、更新時期にあった **571～581**（除 575）を種車に札鉄工組合で改造された永久連結車。ただし、認可上は新造として扱われている。単純に言えば幅 1,800mm 両開の中央扉を設置し、片運転台化のうえで背合連結したもので、窓配置は左右対照の 1D111D121+121D111D1 になった。定員は各車 78(26) 名で、車掌台向かい側座席が折畳式になっている。

主電動機は種車の流用で三菱 MB-172-NR（37.3kW/600V）。制御装置は連結運転のため間接非自動制御の東洋 ES-48A に換装された。機器配置は連接車と同様で、奇数車に主制御器や主抵抗器、Z パンタを配し、偶数車に CP と元空気溜を搭載する。台車は種車に準じて **A851～854** が住金 KS-40、**A855～860** が住金 FS-71。車端台車を 1,000mm 移設して BC 間距離を 6,500mm に拡大するとともに、主電動機装架位置を内側軸で統一した。

永久連結車の場合、曲線通過が摺動運動になるため、貫通路にパンタグラフ式のバランサーを仕込んだ亀甲形渡り板を渡したが、不具合が多く、連接車同様の支点に円盤を取り付ける方式に変更された。1971 年（昭和 46 年）以降は鉄北線に封じ込まれ、1974 年（昭和 49 年）の同線廃止とともに廃車される。**A851+852** が交通資料館に保存されたが、すでに撤去されている。

A856（A850形）
札幌市交通局
570・580 形改造の連結車。扉位置など車体に大掛かりな改造が施されている。種車により台車が異なるが、本車は住金 FS-71 を履く

A874（A870形）
D1030形改造の連結車。台車と電装品は560形の流用品のため、古めかしい台車が目に付く。編成長約25mは札幌市電史上最長である

奥野和弘

A870形 A871～874

　1969年（昭和44年）にD1030形を種車に、新造名義で札幌交通機械によって改造された永久連結車。札幌市電標準のタマゴ形流線型電車では唯一の連結車である。種車であるD1030形が1,400mm両開扉を持つことから、単純に片側運転台を切り落として背合連結にすぎず、窓配置は1D41D1111+1311D131になっている。定員は各車90（30）名で、室内座席の4分の3は折畳式であった。

　制御器は間接非自動式の日車NCH-384L-RUDを新調したが、他の機器は562～565の旧品で、主電動機は三菱MB-172-NR（37.3kW/600V）、台車は住金KS-40である。機器配置は他の連接車と同様で、奇数車に主制御器や主抵抗器、Zパンタを配し、偶数車にCPと元空気溜を搭載する。

　種車がボギー車としては大型のため編成長が24,900mmもあり、しかもたびたび脱線事故を起こすなど使い勝手が悪い車であった。そのため1972年（昭和47年）に休車となり、1974年（昭和49年）に廃車された。

【新世代の路面電車】

　札幌市電は1960年代後半になると、激しさを増す道路混雑のため、ますます定時運転が困難になった。また、ドーナツ化現象により郊外から直通するバスへの旅客転移が発生し、1964年（昭和39年）に1日平均輸送人員が市営バスに抜かれてしまう。基幹的交通機関の再編が欠かせなくなったところに、札幌オリンピックにあわせた地下鉄の建設があり、市電は役割を終えたとして1971年（昭和46年）10月以降、1974年（昭和49年）5月まで4次に渡って撤去された。山鼻線も1975年（昭和50年）を目途に廃止される予定であったが、同線は地下鉄の恩恵を受けない地区にあたり、沿線住民から根強い存続要望が寄せられた。市もオイルショックの影響を勘案し、市電の役割を再検討した結果、地下鉄の補完として存続を決める。

　しかし、縮小政策が取られた1970年代は、路面電車に対する投資が抑制されていたため、車両や施設の老朽化が進んでいた。そのため、存続決定後は更新を進めたが、気動車改造車の老朽化が進んでいたため、1985年（昭和60年）に20年ぶりに新車を投入する。

　1980年代以降の路面電車は技術的な停滞期を脱し、高性能化や低床化など目覚ましい技術革新が見られる。本節の車両群もこうした技術を反映したものであり、従来の路面電車では考えられない複雑なメカニズムを持つ。2018年（平成30年）にはA1200形に続いて単車タイプの1100形が投入され、長期に渡って主力であったタマゴ形流線型電車も、いよいよ先が見えてきた状況にある。

　他に試作ハイブリッド路面電車であるJR総研のHi-tram LH02と川崎重工のSWIMO-Xが2008年（平成20年）に札幌市電で冬季バッテリー耐久試験を行ったが、これらは札幌市電の車両史とは無関係な存在であり、紙幅の都合もあるので省略する。

8500形 8501・8502

　市電の存続は決まったが、車両はいずれも法定耐用年数を超えており、特に電装品が古い700・710形の老朽化は深刻であった。交通局は1984年（昭和59年）より第三次五ヶ年計画を実施するが、そのなかに新車への置換が盛り込まれ、1985年（昭和60年）に川崎重工で今後のモデルカーとして20年ぶりの新

8502（8500形）　　　　　　　　　　1989年　藤岡雄一
老朽車置換用に製作された「軽快電車」。13mの大型電車であるとともに、路面電車では我が国2例目のVVVF車である。写真は旧塗装時代。後部広告枠より車体が絞られていない事がわかる。

8522（8520形）　　　　　　　　　　2013年　服部朗宏
8500形の改良車で、後部車端部1窓分が軽く絞られているのが写真から理解できよう。なお、8510形と8520形は全くの同形である

造車を製作する。形式の **8500形** は製作年の1985年にちなんだものである。

1980年代の路面電車は技術停滞期を脱して、鉄道用車両技術をフィードバックさせた新世代車両が登場しはじめる。これらを大雑把に定義づけると、抵抗制御でない制御方式に電気指令式の制動システム、カルダン駆動の台車などが挙げられ、車体もキュービックな外見を特徴とする。本車もこの一つに位置づけられるもので、車体長13,000mmで窓配置D41D3。定員は100名になっている。

制御器はRCTサイリスタVVVFインバータ制御の三菱SIV-V324-M、主電動機は三相交流かご型の三菱MB5016-A（60kW/440V）でWNカルダン駆動。VVVF制御は路面電車では熊本市電に次ぐ2例目であった。空気制動は電気指令式応荷重装置付のMBS-Rで回生制動を併用する。台車はシェブロン式エリゴバネ台車である川崎KW57。軸距1,650mmで径660mmの車輪のリムに防音リングを圧入するのが特徴であったが、後年、通常車輪と交換している。

だが、VVVF制御器には半導体の寿命があり、2011（平成23）年度にSIVとともにIGBT方式の三菱MAP-062-60VD241に更新されている。また、近年、シングルアームパンタ化やLED方向幕に交換されており、今後も長期に渡って使用が見込まれる形式である。

8510形 8511・8512
8520形 8521・8522

1986年（昭和61年）～1987年（昭和62年）川崎重工製の増備車。2形式に分かれるが、単に製造年の違いにすぎず、**8520形** は増加認可で処理されている。

外見は前頭部窓1個分を若干絞った二段絞り前頭になり、機器については主幹制御器に電気制動ノッチを追加したことと、台車が相違点となる。装着台車の川崎KW59は、使用空気量の節約を目的にブレーキシリンダーを4個から2個に減らすとともに、効果に疑問が持たれた防音車輪を通常車輪に変更したものである。

2012年（平成24年）～2013年（平成25年）に制御器やSIVの更新を行った。他は機器も経歴も **8500形** と同一である。

3300形 3301～3305

1998年（平成10年）～2001年（平成13年）アルナ工機製の車体更新車。**8500形** シリーズは高価につき6両で製造中止となった。そのため在来車の総置換えはならず2度目の車体更新を開始するが、**330形** と **M101** は対象外となり、台車や電装品を流用する車体新造車で更新に代えることになった。形式は種車である **330形** に対するオマージュであるのは言うまでもないが、改造は番号順でないので両形式間の

3305（3300形）　　　　　　　　　　2016年　服部朗宏
330形の電装品や台車を流用して製作された車体更新車。都心線開通後も本形式のみ方向幕で残されている

A1201（A1200 形）
2017 年　服部朗宏
アルナ車両の超低床電車「リトルダンサー・タイプ U2」。両端車が台車のない中間車を担ぎ上げる構成。台車は横動せず車体の連接部がステアリングを切る

1 位の車号は対応しない。

　窓配置 1D21D21 で側窓は逆 T 字窓。大型正面窓の両脇に小窓を配したスラント形三面折妻前頭を持つキュービックな車体は **8500 形**をモデルにしたとされるが、函館市電 2000・3000・8000 の各形式にも近い。要はメーカーであるアルナ工機の標準的な車体構成と言うことになる。機器は **330 形**から転用したため、車輪径 610mm の東急 TS-309 台車を履き、主電動機は日車 NE-40（40kW/600V）、制御器は間接非自動の日車 NC-193 であるが、補助電源装置の SIV やシングルアームパンタグラフは新造されている。床面高は 780mm に上がり、定員も 64 名とやや少ないが、必要に応じてカラオケ装置を搭載し貸切需要に柔軟に対応できる構造になっている。

　2012 年（平成 24 年）より台車枠を交換し台車の形式が川崎 KW198 に変更されたが、2015 年（平成 27 年）の都心線開通後も本形式のみ方向幕が幕式のままで残されている。なお、**M101** も本形式に更新される予定であるが、2018（平成 30）年度末時点も未施工である。

A1200 形 A1201 〜 1203

　都心線開通に備えてアルナ車両で製造された超低床電車。連結車のため接頭辞 A を冠し、2012 年（平成 24 年）製ということで **A1200 形**とされた。

　21 世紀に入ると各地で超低床電車が導入されるが、大まかに見ると、欧州のパテントによる新潟トランシスの「ブレーメン形」と、純国産技術によるアルナ工機の「リトルダンサー」シリーズに分けられる。本車は後者に属するものだが、「リトルダンサー」には車体構成や台車配置でいくつかのタイプが存在し、両端の A・B 車が台車を持たない C 車を担ぎ上げる構成の「タイプ U2」に該当する。

　台車は車輪径 610mm 車軸付の在来構造で、ボルスタレス台車である住金 SS-12。車体に固定されて横動せず、代わりに各車体の連接部が動くことでステアリングを取る。主電動機は運転台右床下に三相交流かご型の東洋 TDK6408-C（85kW/440V）が納められ、直角カルダンで駆動する。制御装置は IGBT 方式 VVVF インバータ制御の東芝 SVF087-E0。制動は回生制動を常用し、常用・非常・保安・耐雪の 4 種のシステムを持つ多段制御の電磁直通空気制動である HRDA-1 を併用する。この耐雪ブレーキ使用時の微調整の便から、運転台が平成後期の車両としては珍しい、縦軸型ツーハンドルであるのが特徴になっている。

　車体は三次曲線ガラスを用いたスラント形状の先端を持ち、側窓は固定式、側扉もプラグドアで、塗装も札幌市電伝統色の緑を排したブラックアウト処理がなされたため平滑な印象を受ける。窓配置は 1D2+1D1+31。定員 71 名でタイヤハウス上がクロスシート。また札幌市電で初めて冷房を搭載する。

　市民公募による「ポラリス」の愛称を持ち、またインダストリアルデザインを導入した内外装が評価されて 2013（平成 25）年度にグッドデザイン賞を受賞

した。2018年（平成30年）に単車タイプの**1100形**が登場したが、今後の増備は両形式の運用成績を比較したうえで、改めて検討されることになっている。

1100形1101

2018年（平成30年）アルナ車両製の超低床電車で、「リトルダンサー・タイプS」にあたる。都心線開通後の運転状況から保有車両を増備することになったが、A1200形に対し通路幅の確保やロングシート化、吊手や手摺の増設の要望が多く寄せられていたため、連接部のない単車タイプを選択したものである。

おおまかに言えば「タイプS」の標準構成である窓配置11D2D11の車体に**A1200形**と共通の運転台を付けたもの。プロトタイプである「タイプS」は台車を両端に寄せ、6,000mm確保した台車間を低床構造にする部分低床車であり、客室寸法が短くなるのと引き換えに、タイヤハウスがなくなるため通路幅を確保できるメリットがある。台車上は床面高805mmの高床部として、運転台と4人分の座席を備えており、低床部とあわせた定員は60名になる。座席はすべてロングシートで、前後に車椅子スペースとなる折畳座席がある。

機器配置も**A1200形**ほど無理はなく、制御器はIGBT方式VVVFインバータ制御の東芝SVF087-K0、主電動機は三相交流かご型の東洋TDK6250-B（60kW/440V）でTDカルダン駆動。制動は**A1200**形と同じHRDA-1である。台車はボルスター付上揺れ枕方式の住金FS-709で、防音のためカバーを常時装着する。

A1200形の「ポラリス」に対応した「シリウス」の愛称を持ち、2018年（平成30年）10月27日より運用を開始した。当面は限定ダイヤであるが、2019年度には2両の増備が予定されている。

【事業用車いろいろ】

札幌市電には旅客車の他に、事業用として除雪車、散水車、電動無蓋車が在籍した。札幌電気軌道時代を含め、改軌・電化後に貨物営業は行われていないので完全な裏方であるが、冬の風物詩として知られる「ササラ電車」など、市民の目につく機会が多かったため、一般にもそれなりに知られた存在である。

他に大正から昭和初期にかけて、雪捨電車として使用された電動無蓋車が存在したが（p160写真参照）、籍を得ることなく姿を消した。写真以外の詳細は不明につき、ここでは存在を指摘するにとどめる。

無籍時代の除雪車

道内の軌道には降雪時に運休するものも存在したが、都市交通である札幌電気軌道は社会的に運休が認められるものではない。当時は人件費が安い時代であるが、それでも人力除雪は現実的でなく、技師長

1101（1100形）
2018年 札幌市交通局
アルナ車両の超低床電車「リトルダンサー・タイプS」。台車が横動する構成で、車内は高床部と低床部に分かれる。定員は犠牲になるが低床部の幅が広く取れる利点がある

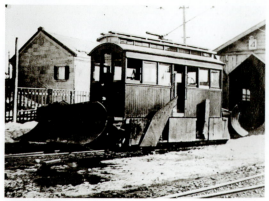

初期の除雪車　　　　　　　　　　　　札幌市交通局
10形を改造したプラウ式除雪車。原型は車体前後に大型のスノープラウを装備する「ラッセル車」であった。写真には番号がないので無籍時代の撮影であろう

の助川貞利を中心に**10形**を改造して除雪車の試作が繰り返された。この時期の除雪車については不明点が多いが、小熊米雄氏の先行研究に従うと以下のようになる。

　1920年(大正9年)に最初の除雪電車としてラッセル式除雪車が製作されたが、軽量かつ低出力のため除雪能力が不十分だった。そこで、ケベックで試用されたロータリーブルームに着目し、1922年(大正11年)に「ササラ電車」を2両製作する。当初はブルームが鋼鉄であったが、強度や絶縁に問題があり、竹に切り替え成功を収める。さらに多雪用としてロータリースイーパーを1925年(大正14年)に試作した。これは**10形**のデッキを撤去して大型の電動回転翼を前頭に設置したもので、一見するとロータリー除雪車だが、都市部では雪を吹き飛ばせないため、床下後方斜め45度にゆっくり弾き飛ばすものであった。しかし、ブルーム式の好成績により使用機会に恵まれず、間もなく姿を消している。以上は製作順に**雪1～4**と名付けられたが、いずれも保線機械扱いで認可は得ていない。

　一方、札幌市の記録によると、ブルーム式の**雪1～5**が1925年(大正14年)、1926年(大正15年)、1929年(昭和4年)～1931年(昭和6年)、プラウ式の**雪11・12**が1928年(昭和3年)と1930年(昭和5年)に製作されたことになっている。前述の経緯とかみ合わないが、3種の除雪方式による**雪1～4**の集合写真が存在するため(p3下写真参照)、無籍時代に各車作り直しに近い改造を施し、再改番のうえで公式な改造年とした可能性も否定できない。

雪1形 雪1～8

　1934年(昭和9年)に入籍したブルーム式除雪車。前後斜め45度にブルームを配し、電動機を車内中央にブルームに対して並行になるよう斜めに据え、前後の伝達方向を選択してチェーンで駆動する仕組みになっている。雪1～5は10形の改造であるが、主電動機をWH-508-C (17.16kW/600V)に交換のうえ、台車を軸距1,829mmのブリル21Eに履き替えており、制御器もWH-B18Lに換装されている。また、ブルーム駆動用にWH-508-Cを車内に1台据えており、都合3台のモーターを持つ。

　1948年(昭和23年)に40形を種車に雪6と7が自局で製造されたが、この2両は鋼製台枠に丸屋根の木造車体を架装し、両端に機械室を持つ凸型の車体を持つ。走行用主電動機はMT-60 (37.3kW/600V)で制御器はWH-B18L。ブルーム用電動機はWH-508-Cである。台車はブリル79E1を1,524mmに詰めて枕バネを撤去した形態のものを履く。**雪1～5**も1950年(昭和25年)に同形に更新され、**10形**から受け継ぐものは無くなった。

　雪6と7の正式な認可は雪8とともに1951年(昭和26年)に行われた。1953年(昭和28年)にビューゲル化されるが、本車は消費電力が大きいことから、容量に余裕を持たせるためパンタグラフに再交換されている。また、道路事情の悪化で電気制動と手制動の併用では安全が保てなくなり、1965年(昭和40年)に空気制動を設置している。

　1969年(昭和44年)から泰和車両で鋼体化が行われる。これは台車と電装品を用いて実質新造するものだが、あわせてブルーム用の電動機もMT60に変

雪2 (雪1形)　　　　　　　　　1960年　和久田康雄
10形改造のブルーム式除雪車だが、戦後、ほぼ新造に近い形で更新されている。木造時代はパンタグラフであった

札幌市電の車両史

雪3（雪1形）　　　　　　　　　　　　2013年　服部朗宏
鋼体化後の姿。台車と電装品は受け継ぎだが、実質的には新造車に近い。集電装置はZパンタになった

ブルームの拡大写真。車内に据えられた電動機からチェーンで駆動する仕組みである　　　　　　　　　　　　（札幌市交通局）

更のうえ、灯具などの補助電源電圧を100Vから24Vに低圧化している。しかし、雪7まで改造したところで中止となり、雪8は木造のまま1971年（昭和46年）に廃車されて交通資料館に保存された。雪5〜7は1976年（昭和51年）までに廃車となり、残る車両も将来的には雪10形（二代目）に更新されることになっている。

雪10形（初代）雪11〜13

一般的にはラッセル車と呼ばれるプラウ式除雪車である。1934年（昭和9年）に入籍した雪11、12は10形のデッキを撤去し、前後に長2,490mm×幅2,210mm×高864mmのプラウを付けたものである。車内にはプラウ操作用のジャッキがあり、プラウを上下させることが可能であった。機器は雪1〜5と同一で、主電動機はWH-508-C（17.16kW/600V）の2個搭載、制御器はWH-B18Lで、台車は軸距1,829mmのブリル21Eであった。

1949年（昭和24年）に伊藤組鉄工所で更新される

が、車体が大型になり、台車も枝光製のペックハム類似型になったことから、恐らく40形の改造車と差し換えたものと思われる。この頃になるとプラウ式は多雪時に雪の壁を崩す役割に変化したため、正面プラウは小型のものとなり、代わりに大型のサイドプラウを前後方向に設置するが、進行方向右側のプラウは使用機会が少ないことから、まもなく左プラウを大型化のうえ中央寄りに移設した。また、更新にあわせプラウの操作は空気シリンダーに変更されている。

雪13は1948年（昭和23年）に試作されたアイスカッター車にサイドプラウを設置して1958年（昭和33年）に入籍したもの。原型はウイングがなく、前頭床下にアイスバーンを砕く回転刃を備えるブルーム式の変形と言えるものだった。機器は雪11、12と同一だが、台車はブリル21Eを履く。

集電装置は1953年（昭和28年）の換装以来、ビューゲルのままで、使用機会も限られたことから鋼体化もされなかった。廃車は雪11が1974年（昭和49年）、雪12が1984年（昭和59年）、雪13が1971年（昭和46年）。うち雪11は交通資料館に保存された。

雪10形（二代目）雪11

1998年（平成10年）に札幌交通機械で製造されたブルーム式除雪車。雪1形を現代化した容姿であるとともに、多くの新機軸が取り入れられている。具体的にはブルームの駆動方式がチェーンから油圧になり、曲線部の除雪効率を上げるために横動を許す構造になった。また、アイスバーン対策として車輪の前

雪12（雪10形初代）　　　　　　　　　　　富樫俊介
戦後のプラウ式はグレーダーの役割を担い、二度に渡る改造で進行方向右側展開する大型プラウに改造される。補助的な存在のため稼働率は低く、木造のまま廃車

雪11（雪10形二代）　　　　　　　　1998年　富樫俊介
雪1形の代替用に製造されたブルーム式除雪車。雪1形の電装品を流用するが、他はほぼ新造された

DSB1（DSB形）　　　　　　　　　　　　　　小熊米雄
雪1形の駆動部分をエンジンに置き換えたものと考えると良い。本車もポイント操作用のビューゲル設置が考慮されているが、試運転以外で装着したことはない

雪10形のブルームは油圧モーター駆動のため、チェーンの代わりにパイプが見える。この構造ゆえ、ブルームの横動も可能である　　　　　　　　　　　　　　　　　　　　　　（富樫俊介）

にアイスカッターを装備し、集電装置もシングルアームパンタグラフになった。台車は軸距1,600mmでバネのないプレス組立式のコロ軸台車を新造した。

電気機器は**雪1形**の流用で、主電動機はMT-60（37.3kW/600V）である。車内には電動機の代わりに油圧ユニットが据えられている。制御器はWH-B18L。舶来品の古典制御器を用いるのは、B18の耐久性が高いうえに直接式で構造が単純なため、除雪車特有の過負荷運転に強いことによる。この関係で本形式は認可上、**雪1形**の車籍を引き継ぐが、2018年（平成30年）度末時点では**雪4**を種車とする**雪11**しか存在しない。

DSB形 DSB1～3

1961年（昭和36年）～1964年（昭和39年）に札鉄工組合で製造されたブルーム式除雪気動車。非電化区間に投入することを念頭に置いてはいたが、より本質的な問題として除雪車運転に伴う消費電力の問題があり、除雪とラッシュが重なると変電所容量から電車を間引く必要すらあったため、解決策として製作する意図の方が大きかった。

メカニズムは**雪1～8**と同様だが、車体は「湘南型」の影響を受けた正面2枚窓の鋼製車体になっており、車内には走行用のいすゞDA640TRC（115PS/2,200rpm）とブルーム動力用のいすゞDA220（43.5PS/1,600rpm）を1台ずつ搭載する。変速機構は機械式。電動除雪車が直接制御であるのと同様、負荷のかかる除雪運転には機械式の方が無理が効くため、あえて採用したものである。台車は枕バネのない軸距1,530mmのプレス台車を履き、また除雪車として初めて空気制動を採用した。

前述の事情から鉄北線電化後も**雪1～8**と併用され、1971年（昭和46年）の路線縮小にあわせて廃車されている。DSB1は交通資料館に保存されている。

水1形（初代）水1・2
水1形（二代目）水1～4

道路が未舗装の時代は、乾燥時に電車走行による砂塵が発生した。公衆衛生の観点から各都市とも散水車を走らせることで対策を取っており、札幌市でも1930年（昭和5年）に**水1**（初代）を入籍させたが、同車の認可申請は1926年（大正15年）7月29日のため、除雪車同様、機械扱いで使用されていた時期があると考えられる。

戦前の**水1**と**水2**は自局で製造されたもので、**水1**の荷重が6.5tであるのに対し、翌年増備された**水2**は5.81tとされていた。これはタンク寸法の違いが原因で、径は共に1,524mmだが、長さは**水1**が3,632mm、**水2**は3,048mmであった。タンクは鋲接構造で、車上3ヶ所ある受台に据え、前中後3ヶ所のバンドで台枠に固定される。**水1**と**水2**は受台の形態と放水口の位置が異なり、軌条間しか散水できない**水1**に対し、

水1（水1形二代） 富樫俊介
本車は戦後、改めて製造された二代目の散水車。製造当初はオープンデッキであったが、後年、風防程度のベスチビュールを設置した

水2は軌条両脇に散水できるように配された。

車両の性格上、雨天時は使用しないためオープン構造の運転台で、主電動機はWH-508-C（17.2kW/550V）で水1が1個、水2は2個、制御器はWH-B18-Lであった。台車は軸距1,829mmのブリル21Eを履く。

戦時中は散水が中止されたため余剰化し、1944年（昭和19年）に電動無蓋車に改造されている。しかし、世相が落ち着くと衛生問題が再浮上し、1952年（昭和27年）に散水車が復活する。二代目は伊藤組鉄工が40形を種車に製造したもので、タンク寸法は径1,534×長3,395mmの5.6t積。初代水2に近い構造だが、溶接タンクになるとともに、受台の隙間を板でふさぎ固定バンドも4本でトラスを組む配置になった。機器は制御器がWH-B18-Fであるのを除けば戦前と同一である。

当初2両製造されたが、1954年（昭和29年）に自局で2両を増備。後付けで正面窓1枚分、風防程度のベスチビュールを設置している。道路舗装の進展で1966年（昭和41年）までに廃車された。

貨1形貨1・2〔初代〕
貨1形貨2〔二代目〕～6

6t積の電動無蓋車。1944年（昭和19年）に車庫間資材運搬のため、自局で散水車を改造して貨1・2が製作された。当初の形態は不明だが、戦後の貨1の写真から運転台背後に山形の妻板が確認でき、オープンデッキのままタンクをアオリ戸に置き換えただけの可能性がある。しかし、貨物室部分の屋根は後付けのように一段高く、ポール用の桟橋を架ける必要から運転台付で登場した可能性も否定できない。

貨2（初代）は1950年（昭和25年）に廃車されたが、1957年（昭和32年）に40形の廃品を利用して自局で貨2～6が製作される。この5両の主電動機はWH-508-C（17.2kW/550V）が2個、制御器はWH-B18-Fで台車は軸距1,829mmのブリル21Eを履く。貨2は屋根を持つが、貨3～6は運転台間にビューゲルを設置するための桟橋でこれに代えている。これら4両は花電車用の台車が主用途で、1958年（昭和33年）には300灯超の電灯が設置できるように電灯配線を変更し、末期にはアオリ戸を撤去している。

貨1は1958年（昭和33年）、貨2（二代目）～6は1966年（昭和41年）に廃車された。

貨1（貨1形） 札幌市交通局
戦前の散水車を改造した6t電動無蓋車。写真はポール時代で屋根は桟橋でしかないが、ビューゲル化にあわせて本格的な屋根を設置している

貨2（貨1形） 1957年 和久田康雄
自局で増備された電動無蓋車。後ろに貨5も写るが屋根構造の違いが理解できよう。後に貨2以外はアオリ戸を撤去する

札幌市電入籍時要目表

番号	自重	定員	長	幅	高	客室床面高	BC	主電動機・機関 形式	出力×個数
11-37	5.5	26 (20)	7,387	1,828	3,500	879		ウォーカー・GE-800	17.25kW (550V) × 1
41-68	7.0	42 (18)	8,229	2,209	3,459	737		東洋 TDK13-B	22.38kW (550V) × 2
101-109 の一部	7.0	42 (18)	8,229	2,209	3,454	800		GE-246-B	17.2kW (550V) × 2
101-109 の一部	7.0	42 (18)	8,229	2,209	3,454	780		WH-508-C	17.2kW (550V) × 2
110-114	7.0	42 (18)	8,230	2,210	3,445	780		芝浦 SE-103	18.65kW (600V) × 2
120-127	7.0	42 (16)	8,230	2,210	3,445	780		日立 HS301-C	22.38kW (600V) × 2
130-138	7.0	42 (16)	8,230	2,210	3,445	780		芝浦 SE-116	22.38kW (600V) × 2
150-161・171-175	7.0	42 (18)	8,230	2,210	3,445	780		芝浦 SE-116	22.38kW (600V) × 2
201-208	14.0	82 (30)	12,370	2,160	3,650	750	6,180	三菱 MB172-NR	37.3kW (600V) × 2
211-216・221-228	14.0	86 (30)	12,500	2,230	3,740	750	7,000	三菱 MB172-NR	37.3kW (600V) × 2
231-238	14.0	86 (30)	12,500	2,230	3,740	750	7,000	日車 SN-50	37.3kW (600V) × 2
241-248	14.0	86 (30)	12,500	2,230	3,740	750	7,000	日車 SN-50	37.3kW (600V) × 2
251-255	14.5	110 (28)	13,100	2,230	3,580	750	7,400	MT-60	37.3kW (600V) × 2
321-327	14.0	86 (30)	12,500	2,230	3,690	750	6,180	神鋼 TB28-A・日車 SN-50N	38kW (600V) × 2
331-335	13.5	86 (30)	12,500	2,230	3,690	725	7,000	日車 NE-40	40kW (600V) × 2
501-505	12.2	60 (24)	10,500	2,231	3,440	800	4,500	MT-60	37.3kW (600V) × 2
551-560	14.0	80 (28)	10,800	2,230	3,510	760	5,500	三菱 MB172-NR	37.3kW (600V) × 2
561-574	14.0	80 (28)	11,100	2,230	3,815	750	5,500	三菱 MB172-NR	37.3kW (600V) × 2
575	14.0	80 (28)	11,100	2,230	3,815	750	5,500	三菱 MB172-SR	37.3kW (600V) × 2
576-580	14.0	80 (28)	11,100	2,230	3,210	750	5,500	三菱 MB172-NR	37.3kW (600V) × 2
581-584	14.0	80 (28)	11,100	2,230	3,675	750	5,500	日立 HS313-B15	38kW (600V) × 2
585	14.0	80 (28)	11,100	2,230	3,675	750	5,500	日立 HS313-B15	38kW (600V) × 2
601-620	15.0	82 (34)	12,350	2,230	3,510	800	6,180	三菱 MB172-NR	37.3kW (600V) × 2
701-704	15.0	90 (30)	13,100	2,230	3,240	780	7,400	三菱 MB172-NR	37.3kW (600V) × 2
711-713	15.0	90 (30)	13,100	2,230	3,740	760	7,400	三菱 MB172-NR	37.3kW (600V) × 2
721	15.0	90 (34)	13,100	2,230	3,555	800	7,400	三菱 MB172-NR	37.3kW (600V) × 2
1101	19.5	60 (24)	13,000	2,300	3,800	350	8,700	東洋 TDK6250-B	60kW (440V) × 2
3301-3305	18.0	62 (32)	13,000	2,230	3,800	780	7,000	日車 NE-40	40kW (600V) × 2
8501・8502	18.0	100 (34)	13,000	2,230	3,815	850	7,000	三菱 MB5016-A	60kW (440V) × 2
8511・8512・8521・8522	18.0	100 (34)	13,000	2,230	3,815	850	7,000	三菱 MB5016-A	60kW (440V) × 2
M101	14.0	100 (20)	12,000	2,230	3,515	725	6,500	日車 NE-40	40kW (600V) × 2
Tc1	11.0	100 (21)	12,000	2,230	3,515	725	6,500	日車 NE-40	40kW (600V) × 1
A801-806（編成）	25.0	160 (54)	22,800	2,230	3,515	750	8,600	日車 NE-40	40kW (600V) × 3
A811-814（編成）	25.0	144 (48)	22,200	2,230	3,515	750	8,600	日車 NE-40	40kW (600V) × 3
A821-824（編成）	25.0	150 (50)	21,800	2,230	3,515	760	8,100	東洋 TDK532/5-B1	45kW (600V) × 3
A831-836（編成）	25.0	150 (50)	21,800	2,230	3,515	760	8,100	東洋 TDK532/5-B1	45kW (600V) × 3
A837-842（編成）	25.0	150 (50)	21,800	2,230	3,515	760	8,100	東洋 TDK532/5-B1	45kW (600V) × 3
A851-860（編成）	27.0	156 (52)	23,000	2,230	3,635	750	6,500	三菱 MB172-NR	37.3kW (600V) × 4
A871-874（編成）	27.0	180 (60)	24,900	2,230	3,555	800	7,400	三菱 MB172-NR	37.3kW (600V) × 4
A1201-1203（編成）	23.3	71 (27)	16,980	2,300	3,800	350	9,400	東洋 TDK6408-C	85kW (440V) × 2
D1001・1011-1013	14.5	92 (32)	13,100	2,230	3,350	780	7,400	日野 DS-40	120PS (2200rpm)
D1021-1023	14.5	92 (32)	13,100	2,230	3,160	760	7,400	日野 DS-40	120PS (2200rpm)
D1031-1037	14.5	90 (30)	13,100	2,230	3,210	800	7,400	日野 DS-60	130PS (2200rpm)
D1041・1042	14.5	90 (30)	13,100	2,230	3,210	800	7,400	日野 DS-60	130PS (2200rpm)
雪1-5（戦前）	10.7		7,315	2,210	3,404			WH-508-C	17.2kW (600V) × 2
雪1-8（戦後）	11.0		7,817	2,210	3,645			MT-60	37.3kW (600V) × 2
雪1-7（鋼体化）	11.0		7,816	2,210	3,300			MT-60	37.3kW (600V) × 2
雪11・12（戦前）	10.7		8,230	2,210	3,404			WH-508-C	17.2kW (600V) × 2
雪11-13（戦後）	11.0		6,600	2,280	3,762			芝浦 SE-116	26.1kW (600V) × 2
雪11（二代目）	15.0		7,816	2,230	3,300			MT-60	37.3kW (600V) × 2
DSB1-3	7.0		7,460	2,200	3,540			いすゞ DA640TRC	115PS (2200rpm)
水1（初代）	5.0	6.5 t	5,791	1,765	3,026			WH-508-C	17.2kW (550V) × 1
水2（初代）	5.0	5.81 t	5,791	1,765	3,026			WH-508-C	17.2kW (550V) × 2
水1-4（二代目）	5.5	5.6 t	6,052	1,765	3,096			WH-508-C	17.2kW (600V) × 2
貨1・2	4.7	6.0 t	5,790	2,210	3,225			WH-508-C	17.2kW (550V) × 2
貨2-6	4.7	6.0 t	5,940	1,700	3,291			WH-508-C	17.2kW (600V) × 2

札幌市電の車両史

出力以外の単位：自重はt、定員は名、他はmm

歯車比	制御器	方式	台車 形式	台車 軸距	車輪径	制動	製造・改造
不明	GE-R11 ほか	直接	ペックハム 7B	1,524	790	手・電	1898-1907 名古屋電車
71：15	東洋 DB1-K4	直接	枝光製・ブリル 21E	1,828	790	手・電	1921-1924 枝光・東洋車両・名古屋電車
100：13	WH-B18-L	直接	ブリル 21E	1,828	790	手・電	1925-1926 東京瓦斯電気・田中車両
97：13	WH-B18-L	直接	ブリル 21E	1,828	790	手・電	1925-1926 東京瓦斯電気・田中車両
74：13	芝浦 RB-200	直接	住友 S-20	2,438	660	手・電・空	1927 田中車両
74：13	日立 DRBC-447	直接	住友 96Y27N	2,438	660	手・電・空	1929 日本車両
74：13	芝浦 RB-200	直接	住友 96Y27N	2,438	660	手・電・空	1931 日本車両
69：14	芝浦 RB-200	直接	日車 SS	2,438	660	手・電・空	1936-1937 梅鉢鉄工所
62：15	芝浦 RB-200	直接	(形式なし)	1,400	660	手・空	1957 札幌綜合鉄工協同組合
62：15	三菱 KR-8	直接	(形式なし)	1,400	660	電・空	1958-1959 札幌綜合鉄工協同組合
62：15	三菱 KR-8	直接	(形式なし)	1,400	660	電・空	1959 札幌綜合鉄工協同組合
62：15	日車 NC-350	間接	(形式なし)	1,400	660	電・空	1960 札幌綜合鉄工協同組合
65：16	日車 NC-350	間接	(形式なし)	1,400	660	電・空	1961 札幌綜合鉄工協同組合
62：15	三菱 KR-8	直接	東急 TS-305	1,400	660	電・空	1957 ナニワ工機
61：14	日車 NC-103	直接	東急 TS-309	1,400	610	電・空	1958 日立製作所
63：14	東洋 DB1-K4	直接	日鉄自 D-14	1,400	660	電・空	1948 日本鉄道自動車
62：15	三菱 KR-8・神鋼 TD-1	直接	住金 KS-40	1,400	660	電・空	1952 汽車会社
62：15	三菱 KR-8・神鋼 TD-1	直接	住金 KS-40	1,400	660	電・空	1953-1954 汽車会社
62：15	三菱 AB-52-6MDB	間接	住金 FS-64	1,200	660	電・ドラム	1954 汽車会社
62：15	三菱 KR-8	直接	住金 FS-71	1,400	660	電・空	1955 ナニワ工機
62：15	東洋 DB1-K24	直接	住金 FS-71	1,400	660	電・空	1956 汽車会社
62：15	東洋 DB1-K24	直接	日車 N-101	1,400	660	電・空	1956 汽車会社
62：15	三菱 KR-8	直接	扶桑ブリル 76E・住金 KS-40	1,370	660	電・空	1949-1951 日本車両・日鉄自・汽車会社
62：15	神鋼 TD-1	直接	住金 KS-40	1,400	660	電・空	1967 苗穂工業
62：15	日車 NC-350A	間接	住金 KS-40	1,400	660	電・空	1968 泰和車両
62：15	日車 NC-350	間接	(形式なし)	1,400	660	電・空	1970 泰和車両
72：11	東芝 SVF087-K0	間接	住金 FS-709	1,600	660	回生・空	2018 アルナ車両
61：14	日車 NC-193	間接	東急 TS-309	1,400	610	電・空	1998-2001 アルナ工機
85：13	三菱 SIV-V324-M	間接	川崎 KW57	1,650	660	回生・空	1985 川崎重工
85：13	三菱 SIV-V324-M	間接	川崎 KW59	1,650	660	回生・空	1987-1988 川崎重工
61：14	日車 NC-350A	間接	日車 N-104	1,400	610	電・空	1961 日本車両
61：14		間接	日車 N-104/N-104T	1,400	610	電・空	1961 日本車両
61：14	日車 NC-350A	間接	日車 N-104A/N-106	1,400	610	電・空	1963 日本車両
61：14	日車 NC-350A	間接	日車 N-104A/N-106	1,400	610	電・空	1964 日本車両
63：14	東洋 ES111-A	間接	東急 TS119/TS120	1,400	660	電・空	1964 東急車輛
63：14	日車 NC-350A	間接	日車 N-108/N-109	1,400	660	電・空	1965 日本車両
63：14	日車 NC-350A	間接	東急 TS119/TS120	1,400	660	電・空	1965 東急車輛
62：15	東洋 ES-48	間接	住金 KS-40・住金 FS-71	1,400	660	電・空	1965 札幌綜合鉄工協同組合
62：15	日車 NCH-384L-RUD	間接	住金 KS-40	1,400	660	電・空	1969 札幌交通機械
64：11	東芝 SVF087-E0	間接	住金 SS-12	1,650	610	回生・空	2013 アルナ車両
	新潟 DBR-90	液体	東急 TS-107	1,600	660	ドラム・空	1958-1959 東急車輛
	新潟 DBR-90	液体	東急 TS-107	1,600	660	ドラム・空	1960 東急車輛
	新潟 DB-90	液体	東急 TS-115	1,600	660	手・空	1963 東急車輛
	新潟 DB-90	液体	東急 TS-115	1,600	660	手・空	1964 東急車輛
97：13	WH-B18-L	直接	ブリル 21E	1,829	787	手・電	1925-1931 自局
65：16	WH-B18-L	直接	ブリル 79E 改	1,524	787	手・電	1948-1951 自局
65：16	WH-B18-L	直接	ブリル 79E 改	1,524	787	電・空	1969-1970 泰和車両
97：13	WH-B18-L	直接	ブリル 21E	1,828	787	手・電	1928-1930 自局
87：13	WH-B18-L	直接	枝光製	1,828	787	手・電	1949 伊藤組鉄工所
	WH-B18-L	直接	(形式なし)	1,600	830	電・空	1998 札幌交通機械
		機械	(形式なし)	1,530	660	手・空	1961-1964 札幌綜合鉄工協同組合
97：13	WH-B18-L	直接	ブリル 21E	1,828	787	手・電	1930 自局
97：13	WH-B18-L	直接	ブリル 21E	1,828	790	手・電	1931 自局
97：13	WH-B18-L	直接	ブリル 21E	1,828	787	手・電	1952-1954 伊藤組鉄工所・自局
97：13	WH-B18-L	直接	ブリル 21E	1,828	787	手・電	1944 自局
97：13	WH-B18-F	直接	ブリル 21E	1,828	787	手・電	1956 自局

注）A800～830形の中間台車（日車 N-106、N-109、東急 TS120）の軸距は 1,500mm

ササラ電車

ほうきで掃くように軌道上の雪を飛ばすササラ電車は、どか雪による運休にたびたび悩まされた札幌電気軌道の技師、助川貞利らが考案した。ササラは長さ約30センチの竹200本を1束にして作り、職員がハンマーなどを使って車両の前後に400束ずつ取り付ける。1分間に255回転する。例年初出動は11月中旬から下旬で、翌年3月まで見られる。

1959年（昭和34年）＜北海道新聞社＞

1957年（昭和32年）＜北海道新聞社＞

1956年（昭和31年）＜北海道新聞社＞

1959年（昭和34年）＜札幌市交通局＞

札幌市電の車両

1962年（昭和37年）＜北海道新聞社＞

1965年（昭和40年）＜北海道新聞社＞

1968年（昭和43年）＜北海道新聞社＞

1959年（昭和34年）＜北海道新聞社＞

市電コラム「ササラ電車は活きている」

「ササラ電車が初出動」というニュースが報じられると、いよいよ札幌にも冬がやってきたことを実感させられる札幌っ子は多いだろう。いわば「季語」のひとつともなっているササラ電車だが、冬期間は「ラッセル部隊」と称される専任の乗務員チームが電車事業所に交代で常駐し、毎朝の営業運行前に全線を巡回して除雪・除氷を行うほか、日中も降雪状況に応じて臨機応変に「ササラ電車」を出動させている。市電の乗務員にとって、「ラッセル部隊」に選抜されることがひとつの誇りともなっているそうであり、高い士気の下に市電の安定運行が支えられている。

「札幌電気軌道」による開業当時から、積雪寒冷地における冬期の路面電車の安定運行は大きな課題となっていた。当初は作業員による"人海戦術"での除雪が行われていたそうだが、豪雪等による運行支障の発生が頻発していたようで、効率的な除雪方法の確立が早い時期からもとめられていた。

札幌電気軌道で技師長を務めていた助川貞利氏（馬鉄当時から会社経営に関与した助川貞二郎氏の子息）は、各種の除雪方法を検討した結果、当時すでにカナダのケベック市などで実用化されていた、ブラシを回転させて雪を跳ね飛ばす「ブルーム式除雪車」の開発を進め、1920年（大正9年）に最初の試作車が完成したとの記録が残されている。その後、安定した形で「ササラ電車」が実用化されたのはやや後になり、1925年（大正14年）ころではないかと考えられる。

この当時、欧米などで実用化されていたブルーム式除雪車ではブラシに枝などを使用したそうであるが、札幌では竹を素材として当時台所用品として広く使用されていた「ササラ」をブラシの素材として採用し、竹の反発力を活かして確実な除雪と耐久性を両立させた除雪車の開発に成功した。現在も、基本的なシステムは開発当時の構造に準じており、ササラ電車に使用されるブラシは乗務員が手作業で台木に打ち付けたうえで取り付けを行っている。いわば「和魂洋才」の賜物であるとも言えるのであろうか。

除雪時には常に過負荷運転を強いられることとなり、電気製品のハイテク化が進んだ現在でも100年近く前に製造された電装品を使用し続けているササラ電車であるが、今後は順次新製車に置き換えられる予定である。さらに「冬の守り神」の物語は続く。（早川淳一）

1983年(昭和58年)＜札幌市交通局＞

1982年(昭和57年)＜札幌市交通局＞

2012年(平成24年)＜青山秀行＞

2012年(平成24年)＜青山秀行＞

2013年(平成25年)＜北海道新聞社＞

2006年(平成18年)＜北海道新聞社＞

2004年(平成16年)＜北海道新聞社＞

1980年(昭和55年)＜札幌市交通局＞

1983年(昭和58年)＜札幌市交通局＞

1980年(昭和55年)＜札幌市交通局＞

市電コラム「定山渓鉄道と札幌市電」

　札幌市電の開業と同じ年、1918年（大正7年）10月に開業したのが、国鉄白石駅（開業当時）と定山渓を結ぶ定山渓鉄道（以下「定鉄」と略）であった。その後、1929年（昭和4年）に東札幌（現在廃止）〜定山渓間が電化され、定山渓温泉や小金湯温泉への観光・湯治客や、沿線住民の生活の足として運行が続けられたが、モータリゼーションの進展による乗客の減少や、1972年（昭和47年）に予定されていた札幌冬季五輪開催を前に整備されることとなった札幌市営地下鉄南北線への用地提供の必要が生じたことから、ちょうど半世紀前の1969年（昭和44年）に全線が廃止されている。

　定鉄は国鉄東札幌駅（1986年廃止）で国鉄千歳線と接続していたものの、実質的な運行拠点の役割を担っていたのは札幌市電と接続する豊平駅であった。このため、豊平駅前市停は駅前広場への引込線が1950年（昭和25年）に竣工し、多客時の臨時運行などに対応できるようになっていた。その後、1966年（昭和41年）の豊平橋架け替えを機に、交通混雑緩和の観点から国道36号線上に移設され、電停と直結する横断歩道橋が設けられて、1971年（昭和46年）の豊平線廃止まで使用されていた（電停名は定鉄廃止後、「豊平8丁目」に改称）。市電廃止後も歩道橋は引き続き使用されていたが、老朽化のため2015年（平成27年）に撤去されている。

　国鉄千歳線は1926年（大正15年）に私鉄の「北海道鉄道」として開業し、1943年（昭和18年）の戦時買収により国鉄線となったが、私鉄当時は定鉄とともに王子製紙の資本が入っていたことから、1931年（昭和6年）に東札幌〜苗穂間に電化設備を設け、定鉄の電車が苗穂駅（2018年11月まで使用された旧駅）まで乗り入れを行っていた。定鉄線用の苗穂駅のホームは現在の駅前交番の裏に設けられ、こちらも苗穂駅前に発着する市電苗穂線との乗換が至近距離で可能となっていた。国鉄買収後もこの乗り入れはしばらく続けられたが、千歳線の輸送力増強にともなって、国鉄から電化設備の撤去をもとめられ、代替措置として定鉄が気動車を新製し、国鉄札幌駅まで直通乗り入れを開始したのを機に、1957年（昭和32年）に廃止されている。（早川淳一）

市電コラム「22号車の謎」

　札幌市電の前身である「札幌電気軌道」が、1918年（大正7年）の開業時に揃えた10形24両は、もともと名古屋電気鉄道（後に市内線は名古屋市電（1974年全廃）、郊外線は名古屋鉄道となる）で使用されていた4輪単車を譲受したものである。その縁で、札幌市交通資料館で保存されている22号車が、2014年（平成26年）から愛知県犬山市の博物館明治村に貸し出されており、2020年3月までの予定で展示中である。

　もともとこの車両、1898年（明治31年）の名古屋電気鉄道開業時から1906年（明治39年）までに37両が増備された「名電1号形」（仕様が一部変更された後期増備車は「13号形」とも称される）の中から24両が札幌に譲渡されたものであるが、実は名古屋で使用していた当時の1号形は現在のような車体デザインではなく、明治村内で現在も運行されている旧京都市電とよく似た「正面窓ガラスなし・側面裾絞り」の車体であった。つまり、名古屋の「お古」がそのまま札幌に譲られたのではなく、札幌への譲渡に際してきちんと車体を誂え直し、整備されたうえで引き渡されたのである。

　この当時、名古屋電気鉄道では「名電1号形」（側面窓が7個）の後に増備された「名電38号形」（側面窓が8個）の車体改造が進められており、その改造後のデザインを見ると、札幌へやって来た10形のデザインと酷似していることがわかる。おそらくはこの「名電38号形」の車体改造時の図面などを参考に、側面窓をひとつ少なくした形の図面を作成し、改造工事を担当していた同じメーカー（名古屋電車製作所）で同様の工事を施工したうえで、札幌電気軌道に引き渡されたものと考えられる。

　したがって、10形は単なる名古屋の「お下がり」の譲り受けではなかったとも言えるのである。しかし、これほどの改造を行うとすれば、それなりの資金的な裏付けがあったのではないかとは考えられるものの、この点が未だに謎のままとなっている。ある意味では「義侠的」とも言える車両譲渡が、どのような経緯で実現していたのであろうか…？（早川淳一）
（参考…「明治村で展示中の名電1号形電車に寄せて」服部重敬氏　鉄道ピクトリアル2014年10月号所載）

花電車

にぎやかな造花や車体に電球をちりばめたイルミネーションを施して運行される。ロケット型をした北海道大博覧会を記念した電車(1958年)やチョウをかたどった豊平町合併記念電車(1961年)などユニークな形のものも多い。

1922年(大正11年)＜札幌市交通局＞

1922年(大正11年)＜札幌市交通局＞

1922年(大正11年)＜札幌市交通局＞

1924年(大正13年)＜札幌市交通局＞

1924年(大正13年)＜札幌市交通局＞

1927年(昭和2年)＜札幌市交通局＞

1927年(昭和2年)＜札幌市交通局＞

1928年(昭和3年)＜札幌市交通局＞

1936年(昭和11年)＜札幌市交通局＞

1953年(昭和28年)＜札幌市交通局＞

1954年(昭和29年)＜札幌市交通局＞

1954年(昭和29年)＜札幌市公文書館＞

1955年(昭和30年)＜札幌市交通局＞

1957年(昭和32年)＜札幌市交通局＞

1957年(昭和32年)＜札幌市交通局＞

札幌市電の車両

1957年(昭和32年)＜札幌市交通局＞

1957年(昭和32年)＜札幌市交通局＞

1958年(昭和33年)＜札幌市交通局＞

1958年(昭和33年)＜札幌市交通局＞

1961年(昭和36年)＜札幌市交通局＞

1963年(昭和38年)＜北海道新聞社＞

1965年(昭和40年)＜北海道新聞社＞

1967年(昭和42年)＜北海道新聞社＞

1968年(昭和43年)＜札幌市交通局＞

1977年(昭和52年)＜札幌市交通局＞

1991年(平成3年)＜北海道新聞社＞

1992年(平成4年)＜札幌市交通局＞

1993年(平成5年)＜札幌市交通局＞

1993年(平成5年)＜札幌市交通局＞

1994年(平成6年)＜札幌市交通局＞

1995年(平成7年)＜朝倉政雄＞

1997年(平成9年)＜朝倉政雄＞

1998年(平成10年)＜札幌市交通局＞

散水車

昭和30年ころまでは札幌の道路も未舗装の砂利道が多かった。舗装道路があっても未舗装道路から自動車が乗り入れるため、泥や砂ぼこりが舞った。散水車は円筒形のタンクを積み、水を撒いて走った。その後道路の舗装が進み、1966年(昭和41年)に廃車になった。

1960年(昭和35年)＜札幌市交通局＞

1955年(昭和30年)＜北海道新聞社＞

1957年(昭和32年)＜北海道新聞社＞

昭和初期の散水馬車＜札幌市交通局＞

1960年(昭和35年)＜札幌市公文書館＞

ラッピング車両

車体の壁面にカラフルな広告を印刷したフィルムを貼り付けるラッピング車両を紹介する。

ラッピング車両の写真は全て朝倉政雄撮影。

FRISK　2002年(平成14年)

FRISK　2004年(平成16年)

HOME'S　2008年(平成20年)

HUGマート　2009年(平成21年)

J：COM　2004年(平成16年)

J：COM　2003年(平成15年)

J：COM　2004年(平成16年)

J：COM　2005年(平成17年)

J：COM　2008年(平成20年)

Kitara　2007年(平成19年)

NTT（タウンページ）　2004年(平成16年)

NTT北海道(ISDN)　1999年(平成11年)

NTT北海道(ISDN)　1999年(平成11年)

UHB（みちゅバチ号）　2012年(平成24年)

UHB(めざましテレビ)　2001年(平成13年)

あいプラン　2013年(平成25年)

アップルワールド　1999年（平成11年）

エスコート（日専連）　2006年（平成18年）

エスコート（日専連）　2007年（平成19年）

エピサロン　2007年（平成19年）

キュラーズ　2006年（平成18年）

キリン（生茶）　2002年（平成14年）

くきつ（ガス安君）　2010年（平成22年）

くきつ　2010年（平成22年）

コカ・コーラ（Qoo）　2002年（平成14年）

コカ・コーラ（Qoo）　2008年（平成20年）

コカ・コーラ　2002年（平成14年）

コカ・コーラ　2004年（平成16年）

コカ・コーラ　2009年（平成21年）

コカ・コーラ　2012年（平成24年）

コカ・コーラ　2015年（平成27年）

コンチネンタルオートス　2010年（平成22年）

ジャパンホームベーキングスクール　2005年（平成17年）

ドイツ年　2006年（平成18年）

札幌市電の車両

ニチレイ　2015年(平成27年)

ニッカ(ニッカバー)　2005年(平成17年)

ニッカ(ニッカバー)　2006年(平成18年)

ハウス(ウコンの力)　2008年(平成20年)

ハウスタウン　2013年(平成25年)

ハローワーク　2000年(平成12年)

ビッグ(けんさくん)　2005年(平成17年)

ビッグ　2008年(平成20年)

ビッグ　2015年(平成27年)

メイツ北海道　2002年(平成14年)

メイツ北海道　2003年(平成15年)

もいわ山ロープウェイ　2011年(平成23年)

もしもしホットライン　2008年(平成20年)

リトルスプーン　2005年(平成17年)

リボンシトロン　2009年(平成21年)

ロッテ(ガーナミルクチョコレート)2007年(平成19年)

ワミレスコスメティックス　2008年(平成20年)

塩野義製薬(セデス)　2006年(平成18年)

塩野義製薬（セデス）　2007年（平成19年）

家すサポート（相愛土地グループ）　2008年（平成20年）

桑園自動車学校　2006年（平成18年）

札幌アルタ　2002年（平成14年）

札幌国際芸術祭　2017年（平成29年）

札幌市（探偵はBARにいる2）　2013年（平成25年）

三井ホーム　2018年（平成30年）

築地銀だこ　2001年（平成13年）

中銀ライフケア　2009年（平成21年）

朝日新聞（AFC）　2006年（平成18年）

エスコート（日専連）　2003年（平成15年）

梅の花　2007年（平成19年）

不二家（カントリーマアム）　2000年（平成12年）

不二家（ペコちゃん）　2001年（平成13年）

不二家（ペコちゃん）　2002年（平成14年）

北のたまゆら　2009年（平成21年）

北のたまゆら　2009年（平成21年）

北海道アルバイト情報社（アルキタ）　2005年（平成17年）

札幌市電の車両

北海道アルバイト情報社(アルキタ) 2005年(平成17年)

北海道赤十字血液センター(成分献血) 2005年(平成17年)

北海道日本ハムファイターズ 2004年(平成16年)

郵便局(かもめ〜る) 2000年(平成12年)

クリスマス電車

北海道コカ・コーラボトリングがスポンサーとなり2000年(平成12年)から毎年運行されている。雪がちらつき始めた街を真っ赤な車体が駆け抜け、師走の街に彩りを添えている。

2000年(平成12年)＜朝倉政雄＞

2006年(平成18年)＜朝倉政雄＞

2007年(平成19年)＜朝倉政雄＞

2009年(平成21年)＜朝倉政雄＞

2010年(平成22年)＜朝倉政雄＞

2012年(平成24年)＜朝倉政雄＞

2014年(平成26年)＜朝倉政雄＞

2015年(平成27年)＜朝倉政雄＞

2002年(平成14年)＜北海道新聞社＞

2013年(平成25年)＜北海道新聞社＞

2018年(平成30年)＜北海道新聞社＞

雪ミク電車

札幌生まれの人気仮想アイドル「初音ミク」の冬季版「雪ミク」を車体に描いた電車。2010年(平成22年)に始まった。雪景色や星空、雪の結晶など冬の北海道をイメージした背景に、青を基調にした衣装を着た雪ミクが描かれている。

2015年(平成27年)＜朝倉政雄＞

2016年(平成28年)＜北海道新聞社＞

2017年(平成29年)＜北海道新聞社＞

2016年(平成28年)＜山本学＞

札幌市電の車両

2012年（平成24年）＜朝倉政雄＞

2013年（平成25年）＜朝倉政雄＞

2011年（平成23年）＜朝倉政雄＞

2011年（平成23年）＜朝倉政雄＞

2012年（平成24年）＜朝倉政雄＞

2015年（平成27年）＜朝倉政雄＞

2016年（平成28年）＜朝倉政雄＞

2014年（平成26年）＜朝倉政雄＞

ポラリス

2013年（平成25年）に導入された新型低床車両。愛称は市民からの公募で北極星を意味する「ポラリス」。新型車両の導入は1988年（昭和63年）以来。白と黒を基調としたシンプルな外観。全長17メートル、幅2.3メートル、高さ3.8メートルで、車体は、カーブに対応するため関節のような可動部を1両に2カ所設けた「3連接」車両。

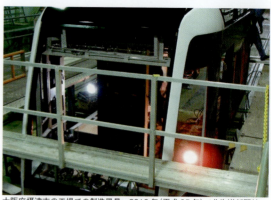

大阪府摂津市の工場での製造風景　2013年（平成25年）＜北海道新聞社＞

2015年（平成27年）＜朝倉政雄＞

2015年（平成27年）＜朝倉政雄＞

2014年（平成26年）＜朝倉政雄＞

札幌市電の車両

電車事業所への搬入風景　2013年(平成25年)＜北海道新聞社＞

2013年(平成25年)＜北海道新聞社＞

2014年(平成26年)＜北海道新聞社＞

2014年(平成26年)＜朝倉政雄＞

2016年(平成28年)＜久保ヒデキ＞

10形22号
1977年(昭和52年)＜朝倉政雄＞

1901年(明治34年)に製造された木造車両。大正初期まで名古屋市内を走った後、札幌に移り昭和初期まで活躍した。通称名電1号。

8500形
1985年(昭和60年)＜早川淳一＞

1985年(昭和60年)に20年ぶりの新車として登場した。デザインはこれまでの曲線型から直線型になった。

電車事業所に納車される8500形
1985年(昭和60年)＜札幌市交通局＞

キリントラムカー・レストラン＆パブ
1988年(昭和63年)＜早川淳一＞

走るレストラン。1988年(昭和63年)に開催された「世界・食の祭典」にキリンビールが協賛しての運行。車窓の風景を楽しみながら豪華料理を味わった。

マリン電車
1994年(平成6年)＜朝倉政雄＞

海をイメージした青いペイント電車。車体には人魚やイルカが青い海に泳いでいるデザインを塗装し、車内も魚の風船で飾り付けた。

第5回市電まつり
1995年(平成7年)＜朝倉政雄＞

「第5回市電まつり」をPRした。車体には、サッカーボールの気球に乗った人たちや札幌と世界を結ぶ虹などが描かれた。

ミュンヘン電車
1995年(平成7年)＜朝倉政雄＞

市電唯一の青い車両として親しまれた。丸みを帯びたデザインと一つ目のヘッドライトが特徴で、昔ながらのスタイルは人気があった。

コンサドーレ昇格号
1997年(平成9年)＜北海道新聞社＞

コンサドーレ札幌のJリーグ昇格が決まり、赤や白の電球で装飾した電車が中心部を駆け抜け、祝賀ムードを盛り上げた。

札幌市電の車両

M101
2005年(平成17年)＜朝倉政雄＞

1961年(昭和36年)の登場以来、古きたたずまいを残して札幌の街を走り続ける。

Hi-Tram
2007年(平成19年)＜朝倉政雄＞

全国初のハイブリッド型路面電車の試験走行。高性能バッテリーを搭載し、減速時に発生するエネルギーを蓄電することで、架線のない区間でも走行できるのが特長。

SWIMO
2008年(平成20年)＜北海道新聞社＞

ハイブリッド型路面電車の試験走行。

ペイント電車
2007年(平成19年)＜朝倉政雄＞

「ペコちゃん」の絵やロゴなどがはがされて、真っ赤な車体だけになった不二家のペイント電車。

イルミネーション電車
2007年(平成19年)＜朝倉政雄＞

LED約1万個で華やかに飾られた。車内の天井にもLEDをちりばめ、電車の振動で光が揺れるようにした。

95年ぶりの里帰り
2013年(平成25年)＜北海道新聞社＞

2013年に保存していた札幌市南区の交通資料館から、愛知県犬山市の「博物館明治村」へ貸し出された。

市電維持作業車
2014年(平成26年)＜朝倉政雄＞

軌道の管理を行う。

市電維持作業車
2013年(平成25年)＜青山秀行＞

雪を取り除くためのシャベルやほうき、工事道具などが入っている。

雪のまち　札幌

冬になると、雪に覆われる札幌市内。積雪が多いと道路沿いには2メートル近くになる雪の壁ができる。片側2車線の道路も狭まり、電車のダイヤも乱れやすくなる。札幌市電の歴史は雪との戦いの歴史でもある。

1986年（昭和61年）＜札幌市公文書館＞

1981年（昭和56年）＜札幌市交通局＞

2016年（平成28年）＜青山秀行＞

2016年(平成28年)＜青山秀行＞

1983年(昭和58年)＜札幌市交通局＞

2002年(平成14年)＜北海道新聞社＞

2016年(平成28年)＜北海道新聞社＞

2016年(平成28年)＜北海道新聞社＞

2016年（平成28年）＜青山秀行＞

1961年（昭和36年）＜札幌市公文書館＞

1967年（昭和42年）＜北海道新聞社＞

（幌札）通條一南の雪

昭和初期＜札幌市中央図書館＞

1932年（昭和7年）ころ＜北海道新聞社＞

昭和30年代前半＜札幌市公文書館＞

1980年（昭和55年）＜札幌市交通局＞

昭和30年代前半＜札幌市公文書館＞

大正末期〈札幌市交通局〉

大正末期〈札幌市交通局〉

大正末期〈札幌市交通局〉

大正末期〈札幌市交通局〉

1953年(昭和28年)＜北海道新聞社＞

1977年(昭和52年)＜札幌市公文書館＞

1945年(昭和20年)＜北海道新聞社＞

1991年(平成3年)＜北海道新聞社＞

2016年(平成28年)＜北海道新聞社＞

2016年(平成28年)＜北海道新聞社＞

市民の足として

市民の足として欠かせない札幌市電。ピーク時の1964年(昭和40年)度は1日当たり27万8千人が利用した。ラッシュ時には駅前通が市電や車の列で埋まった。また、年末年始、花見、札幌神社のお祭り輸送などでは大勢の乗客を運んだ。

三越前　1956年(昭和31年)＜北海道新聞社＞

円山への花見客　1970年(昭和45年)ころ＜札幌市交通局＞

北24条 1962年(昭和37年)＜北海道新聞社＞

三越前 1957年(昭和32年)＜札幌市公文書館＞

南1条西4丁目 1967年(昭和42年)＜北海道新聞社＞

三越前 1962年(昭和37年)＜北海道新聞社＞

1937年(昭和12年)〈札幌市交通局〉

1954年(昭和29年)〈北海道新聞社〉

1957年(昭和32年)〈北海道新聞社〉

1958年(昭和33年)〈北海道新聞社〉

1966年(昭和41年)〈北海道新聞社〉

1977年(昭和52年)〈菊地賢洋〉

車庫・営業所

かつては札幌市内各所に営業所や車庫が置かれていた。幌北車庫内にあった幌北営業所、現在の北海道銀行札幌駅前支店付近（北4条西3丁目）にあった中央営業所、交通局庁舎に隣接していた一条営業所は廃止になった。

中央車庫（南2西11）

現在、中央区役所と札幌プリンスホテルが建っている。電車の開業と同時に完成し、1968年（昭和43年）に閉鎖された。

1965年（昭和40年）＜奥野和弘＞

＜札幌市公文書館＞

＜札幌市交通局＞

＜札幌市交通局＞

1953年（昭和28年）＜札幌市交通局＞

幌北車庫（北24西5）

1955年（昭和30年）に完成し、後に幌北営業所も併設した。廃線後は駐車場として使われ、1986年（昭和61年）に札幌サンプラザが建設された。

1962年（昭和37年）＜奥野和弘＞

1954年（昭和29年）＜北海道新聞社＞

1962年（昭和37年）＜北海道新聞社＞

1973年（昭和48年）＜北海道新聞社＞

幌北電車の跡地は市営駐車場に利用された　1974年（昭和49年）＜北海道新聞社＞

10年近く駐車場として利用された　1983年（昭和58年）＜北海道新聞社＞

＜札幌市交通局＞

＜札幌市交通局＞

交通局庁舎（南1西14）

1958年（昭和33年）に建てられた。地下鉄東西線延伸にあわせて、1982年（昭和57年）に大谷地に移転した。現在は医療系複合ビルが建てられている。

1965年（昭和40年）＜北海道新聞社＞

＜札幌市交通局＞

沿線スケッチ

電車事業所
(南21西16)

中央車庫に代わる新しい施設として、1968年(昭和43年)に開設された。1984年(昭和59年)には電車事業所庁舎も竣工した。老朽化に伴い、電車事業所の事務所や工場は2024年度までに建て替える。

2018年(平成30年)＜北海道新聞社＞

1981年(昭和56年)＜札幌市交通局＞

1993年(平成5年)＜札幌市交通局＞

1968年(昭和43年)＜北海道新聞社＞

2009年(平成21年)＜北海道新聞社＞

1992年(平成4年)＜札幌市交通局＞

1977年(昭和52年)＜札幌市交通局＞

工事風景

1927年(昭和2年)に札幌市が事業を譲り受け、総延長16.3キロでスタートした札幌市電。順次軌道を延長し、ピークの1964年(昭和39年)には7系統、総延長25キロになった。しかし、1972年(昭和47年)の札幌冬季五輪開催を控え、地下鉄建設が決まると、路線は次々と廃止されていった。近年はループ化で利便性が向上し、有用性が見直されている。

ポイント交換作業 1955年(昭和30年) <北海道新聞社>

駅前通の軌道内の敷石入れ替え作業 1955年(昭和30年) <北海道新聞社>

北5条線、北大植物園付近の落葉による車輪のスリップを防ぐための砂まき作業 1957年(昭和32年) <北海道新聞社>

4丁目十字街での氷割り作業 1961年(昭和36年) <北海道新聞社>

山鼻西線南6条西15丁目付近の軌道敷の舗装工事 1961年(昭和36年)＜札幌市公文書館＞

鉄北線北大正門前で学生デモによる投石の後片付け 1969年(昭和44年)＜北海道新聞社＞

グランドホテル前での凍上した市電軌道内敷き石の復旧作業　1965年（昭和40年）＜北海道新聞社＞

すすきのループ化作業　2015年（平成27年）＜北海道新聞社＞

山鼻線南9条西6丁目　1979年（昭和54年）＜札幌市交通局＞

鉄北線北30条付近での敷設工事　昭和30年代前半＜札幌市交通局＞

北5条線植物園付近での軌道撤去作業　1971年（昭和46年）＜札幌市交通局＞

山鼻西線南19条～21条間の軌道舗装　1968年（昭和43年）＜北海道新聞社＞

札幌前通に敷設される市電のレール・2015年（平成27年）＜北海道新聞社＞

山鼻西線14条での軌道改修工事　昭和30年代＜札幌市交通局＞

一条線西4丁目での電停改修工事・1978年（昭和53年）＜札幌市交通局＞

市電コラム「親子電車・連節車・連結車」

　1960年代初めに全盛期を迎え、輸送力増強が急務となっていた札幌市電に続々と投入されたのが、1961年（昭和36年）に新製された「親子電車」のM101+Tc1、そして1963年（昭和38年）〜1965年（昭和40年）にかけて新製された「連節車」のA800形・A810形・A820形・A830形、さらに1965年と1969年（昭和44年）に在来車からの改造で誕生した「連結車」のA850形とA870形であった。

　札幌市電ではこれらの車両を「連結車」と総称していたが、2両を切り離してラッシュ時以外は「親」（M101）だけで運行可能としている「親子電車」、中間台車1台で二つの車体を支える構造となっている「連節車」、ボギー車2両を永久連結している「連結車」の三つの形態に分かれており、ファン的には興味深いラインアップとなっていた。

　「親子電車」を除く各形式では乗降時間の短縮を図るため、後車の乗車専用口から乗車して、運行中に車掌台で運賃収受や定期券提示を済ませ、前車の降車専用口から降車する「パッセンジャーフロー方式」が採用されていた。この方式は当時のヨーロッパの路面電車で広く普及しており、当時の交通局長だった大刀豊氏のヨーロッパ視察時の見聞を基に導入されたものと伺っている。

　また、A820形は製造を担当した東急車輌のデザイナーからの提案を基に、正面に大きな曲面ガラスを用いて、側面窓も極力大型化した斬新なデザインが採用され、A830形にも引き継がれて、札幌市電のイメージリーダーとしての役割をも担うこととなった。

　路線縮小と共にボギー車のワンマン化が進められると、乗務員1人当たりの輸送力としては逆にボギー車の方が勝ることとなった結果、これらの「連結車」は1976年（昭和51年）までに運行を終了し、A830形の一部が名古屋鉄道に譲渡された以外はすべて廃車された。

　しかし、英語の「Articulate（関節）」から採られた「A」のプリフィックスは2013年（平成25年）新製のA1200形で復活しており、思わぬところで札幌市電の伝統が活かされた形となっている。
（早川淳一）

札幌市電乗務員の新しい制服　1956年(昭和31年)＜北海道新聞社＞

札幌市電の回顧パレード　1960年(昭和35年)＜北海道新聞社＞

北27条～麻生町間の延長開業式典　1963年(昭和38年)＜札幌市交通局＞

新琴似駅前での開通式でテープを切る原田市長　1964年(昭和39年)＜札幌市公文書館＞

幌北車庫前での市電スト　1966年(昭和41年)＜北海道新聞社＞

通学、通勤者で満員の市電にツララがかかる　1966年(昭和41年)＜北海道新聞社＞

鉄北線のさよなら電車　1974年(昭和49年)＜札幌市交通局＞

幌北車庫の廃止　1974年(昭和49年)＜札幌市交通局＞

8500形の搬入　1987年(昭和62年)＜早川淳一＞

キリントラムカーレストラン＆パブの完成式典　1988年(昭和63年)＜札幌市交通局＞

札幌ミュンヘン姉妹都市・区制20周年記念電車　1992年(平成4年)　＜早川淳一＞

市電フェステバル　2010年(平成22年)＜朝倉政雄＞

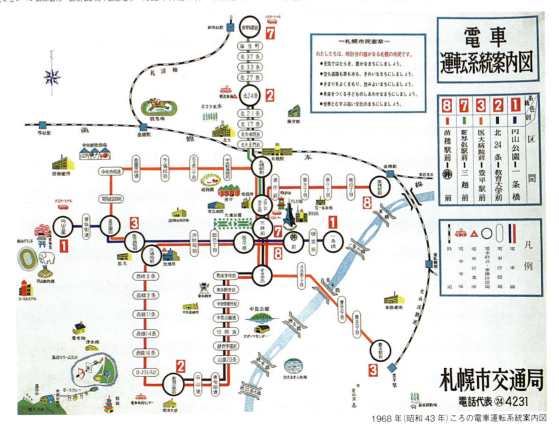
1968年(昭和43年)ころの電車運転系統案内図

[年表]

元号	西暦	和暦	月	事項
明治	1876	明治9		石山から札幌までの馬車道が作られる。
	1901	明治34		札幌石材合資会社が設立される。
	1902	明治35		社名が札幌石材馬車鉄道合資会社に変更になる。
	1907	明治40	7月	穴ノ沢〜山鼻間の馬車鉄道敷設が認可される。
			7月	札幌石材馬車鉄道株式会社が設立される。
	1910	明治43	5月	平岸村〜藻岩村間が開通する。
	1911	明治44	2月	社名が札幌市街鉄道株式会社に変更になる。
	1912	明治45	7月	社名が札幌市街軌道株式会社に変更になる。
大正		大正元	8月	市街線が開通する。
	1916	大正5	10月	社名が札幌電気鉄道株式会社に変更になる。
	1917	大正6	8月	社名が札幌電気軌道株式会社に変更になる。
	1918	大正7	4月	馬鉄軌道の撤去作業と同時に、路面電車の軌道敷設工事が始まる。
			8月	北海道開道50周年記念大博覧会開催中に、札幌電気軌道の南一条線(南1条西15丁目〜南1条東2丁目間)、停公線(北4条西4丁目札幌駅前〜高女前間)、南4条線(南4条西3丁目〜南4条東3丁目間)の3路線が開通する。乗車料金は片道6銭。
	1918	大正7	12月	停公線(高女前〜中島公園間)が延長になる。
	1919	大正8	5月	苗穂線(北3条西4丁目〜北3条東7丁目間)が開通する。
	1920	大正9	1月	一条線(東2丁目〜頓宮前間)が延長になる。
	1921	大正10	12月	円山線(南1条西15丁目〜南1条西17丁目間)が開通する。
	1922	大正11	12月	苗穂線(東7丁目〜苗穂駅前間)が延長になる。
	1923	大正12	8月	山鼻線(南4条西4丁目〜南14条西7丁目行啓通間)が開通する。
			10月	一条線(南1条西17丁目〜南1条西20丁目間)が延長になる。
			11月	一条線(南1条西20丁目〜琴似街道間)が延長になる。
	1924	大正13	5月	一条線(琴似街道〜円山公園間)が延長になる。
			11月	豊平線(南4条東3丁目〜大門通間)が延長になる。
	1925	大正14	4月	豊平線(大門通〜平岸街道間)が延長になる。
			7月	山鼻線(行啓通〜一中前間)が延長になる。
			8月	一条線(南1条東3丁目〜一条橋間)が延長になる。
昭和	1927	昭和2	6月	北五条線(北5条西4丁目〜北5条西20丁目間)が開通する。
			12月	札幌市が札幌電気軌道の電車事業を譲り受け、札幌市電気局が発足する。
			12月	鉄北線(北6条西5丁目〜北18条西5丁目間)が開通する。
	1929	昭和4	10月	豊平線(平岸街道〜豊平駅前間)が延長になる。
			10月	桑園線(北5条西15丁目〜桑園駅前間)が開通する。
			11月	西20丁目線(北5条西19丁目〜大通西20丁目間)が開通する。
	1931	昭和6	11月	山鼻西線・山鼻線(南1条西14丁目〜南19条西15丁目間と南19条西15丁目〜南16条西7丁目間)が開通する。
	1932	昭和7	12月	函館本線を跨ぐ鉄北連絡線(国鉄跨線橋)が完成する。南と北の電車線(北4条西4丁目〜北5条西5丁目間)が接続される。
			12月	苗穂線(東7丁目〜苗穂駅前間)が複線化される。苗穂駅〜松竹座間の直通運転が始まる。
	1936	昭和11	5月	豊平線(豊平3条3丁目〜平岸街道間)の複線化工事が竣工する。
	1938	昭和13	7月	乗車料金が改正される。(普通券8銭)
	1943	昭和18	1月	札幌市電気局が札幌市交通事業所に改称される。
	1944	昭和19	4月	乗車料金が改正される。(普通券10銭)
	1945	昭和20	8月	中島線(松竹座前〜中島公園間)が単線化される。
	1946	昭和21	4月	乗車料金が改正される。(普通券30銭)
	1947	昭和22	2月	乗車料金が改正される。(普通券40銭)
			6月	札幌市交通事業所が札幌市交通局に改称される。
	1948	昭和23	8月	乗車料金が改正される。(普通券5円)
			8月	中島線が廃止になる。
			9月	札幌市電としては初のボギー車となる500形が造られる。
	1949	昭和24	6月	乗車料金が改正される。(普通券7円)
	1950	昭和25	12月	豊平線の豊平駅前引込み線が完成する。
			12月	山鼻西線(南1条〜南2条間)が複線化。
	1951	昭和26	11月	山鼻西線・山鼻線の一部(南3条〜南16条間、山鼻16条〜柏中学前間)が複線化。
			12月	乗車料金が改正される。(普通券10円)
	1952	昭和27	9月	鉄北線(北18条〜北24条間)が単線で開通する。
			12月	幌北車庫(北24条西5丁目)が完成する
	1953	昭和28	5月	乗車料金が改正される。(普通券13円)
	1954	昭和29	6月	豊平線(平岸街道〜豊平駅前間)が複線化され、全線が複線化。
			7月	鉄北線(北18条〜北24条間)が複線化される。
			7月	山鼻線・山鼻西線(西線16条〜中央図書館前〜柏中学前)が複線化され、全線が複線化。

昭和	1957	昭和32	7月	交通局庁舎(南1条西14丁目)の起工式が行われる。
	1958	昭和33	7月	藻岩山ロープウェイの運行が始まる。
			8月	日本初の路面ディーゼルカー「D1001号車」の運行が開始される。
	1959	昭和34	1月	婦人子供専用車の運行が開始される。
			12月	鉄北線(北24条～北27条間)が延長になる。
	1960	昭和35	6月	桑園線が廃止になる。
	1961	昭和36	7月	朝夕のラッシュ対策として、親子電車「M101＋Tc1」の運行が開始される。
	1962	昭和37	12月	乗車料金が改正される。(普通料金15円)
	1963	昭和38	8月	札幌市電初の2車体連接車「A800形」が造られる。
			11月	鉄北線(北27条～麻生町間)が非電化で延長になる。
			12月	急行電車の運行が開始される。
	1964	昭和39		札幌市電の1日の輸送人員約27万8000人とピークを迎える。
			12月	鉄北線(麻生町～新琴似駅前間)が延長になる。
	1965	昭和40		札幌市電の車両保有台数154両とピークを迎える。
			5月	豊平橋の架け替え工事により、豊平線が一部運休になる。
			5月	鉄北線(北27条～北33条間)が電化される。
			8月	急行電車の運行が廃止になる。
	1966	昭和41	10月	豊平橋の架け替え工事が竣工し、豊平線の運転が再開する。豊平駅前の引込線が廃止になる。
			12月	乗車料金が改正される。(普通料金20円)
	1967	昭和42	11月	鉄北線(北33条～新琴似駅前)間)が電化され、鉄北線の電化が完了する。
	1968	昭和43	8月	札幌創建100年記念電車が運行される。
			10月	電車車両センター(南21条西16丁目)が完成。中央電車車庫が廃止になる。
	1969	昭和44	11月	定山渓鉄道が廃止になる。
	1970	昭和45	2月	3系統でワンマン運転が開始される。
			12月	乗車料金が改正される。(普通料金25円)
	1971	昭和46	10月	1971年～1974年にかけて、4次にわたり市電の路線が縮小される。その1次にあたる電車第一次営業路線廃止(豊平線、苗穂線、北5条線、西20丁目線が廃止になる)が実施される。
			12月	電車が完全ワンマン化になる。
			12月	電車第二次営業路線廃止(西4丁目線札幌駅前～三越前間、鉄北線札幌駅前～北24条間、北5条線札幌駅前付近が廃止になる)が実施される。
			12月	札幌市営地下鉄南北線(真駒内～北24条間)が開業する。
	1972	昭和47	2月	札幌冬季オリンピックが開催される。
	1973	昭和48	4月	電車第三次営業路線廃止(一条線医大病院前～円山公園間、一条線一条橋～西4丁目間、西四丁目線三越前～すすきの間が廃止になる)が実施される。
			10月	乗車料金が改正される。(普通料金30円)
	1974	昭和49	5月	電車第四次営業路線廃止(鉄北線北24条～新琴似駅前間が廃止になる)が実施される。
			7月	幌北電車車庫の跡地に駐車場が開設される。
	1975	昭和50	10月	乗車料金が改正される。(暫定普通料金50円)
	1976	昭和51	6月	札幌市営地下鉄東西線(琴似～白石間)が開業する。
			4月	乗車料金が改正される。(普通料金70円)
	1977	昭和52	7月	22号車の運行など市営交通発足50周年の記念行事が実施される。
	1978	昭和53	3月	札幌市営地下鉄南北線(北24条～麻生間)が延伸する。
	1979	昭和54	10月	乗車料金が改正される。(普通料金90円)
	1981	昭和56	11月	乗車料金が改正される。(普通料金110円)
	1982	昭和57	3月	札幌市営地下鉄東西線(白石～新さっぽろ間)が延伸する。
	1984	昭和59	6月	乗車料金が改正される。(普通料金120円)
			12月	電車事業所庁舎が竣工する。
			12月	乗車料金が改正される。(普通料金130円)
	1985	昭和60	3月	20年ぶりの新車となる8500形が導入される。
	1988	昭和63	12月	札幌市営地下鉄東豊線(栄町～豊水すすきの間)が開業する。
平成	1990	平成2		乗車料金が改正される。(普通料金150円)
	1991	平成3	6月	第1回市電まつりが開催される。
	1992	平成4		乗車料金が改正される。(普通料金170円)
	1994	平成6	10月	札幌市営地下鉄東豊線(豊水すすきの～福住間)が延伸する。
			12月	山鼻線(すすきの～創成小学校前間)のセンターポール化(軌道の間にT字形ポールを立て、その内部に電線を地中から引っ張る)工事が完了する。
	1999	平成11	2月	札幌市営地下鉄東西線(琴似～宮の沢間)が延伸する。
	2001	平成13	10月	札幌市電が函館市電とともに北海道遺産に選定される。
	2013	平成25	5月	新型車両A1200形が運行開始になる。
	2015	平成27	12月	都心線(西4丁目～狸小路～すすきの)間)が開業する。
	2017	平成29	4月	乗車料金が改正される。(普通料金200円)
	2018	平成30	8月	札幌の路面電車が開業100周年を迎える。

【主要参考文献】「鉄道（運輸）省文書」・「内務（建設）省文書」・札幌市交通局「車輌竣功図表」・札幌市交通局「昭和27年度新車について」『電気車の科学』No.55（1952.11）・小熊米雄「札幌除雪電車略史」『鉄道ピクトリアル』No.20-21（1953.3-4）・山田広「札幌市電新造575号車」『電気車の科学』No.84（1955.4）・原康夫「札幌市交通局D1000形路面ディーゼル動車概要」『車両技術』（1959.8）・小熊米雄「札幌市交通局」『鉄道ピクトリアル』No.135（1962.8増）・奥野和弘「1030形路面DS新製」『鉄道ファン』No.30（1963.12）・牧野田知「札幌市交通局補遺」『鉄道ピクトリアル』No.259（1971.12増）・『世界の鉄道』昭和48年版（1972）朝日新聞社・吉雄永春「ファンの目で見た台車のはなし」Ⅶ『レイル』No.27（1990.4）・札幌市教育委員会『市電物語』(1982)北海道新聞社・札幌LRTの会編『札幌・市電の走る街』(1999)トンボ出版・札幌LRTの会編『札幌市電が走った街』(2003)JTB・札幌LRTの会編『札幌市電が走る街』(2012)JTBパブリッシング・湯口徹「札幌市の路面ディーゼルカー」『鉄道史料』No.123（2010冬）・澤内一晃・星良助『北海道の私鉄車両』(2016)北海道新聞社（上記以外にも『北海道新聞』『さっぽろ文庫』『鉄道ピクトリアル』『レイルマガジン』『鉄道ファン』『鉄道ダイヤ情報』『鉄道ジャーナル』などを参照している）

【協力】	札幌市交通局
【編集協力】	小野風太・奥村真志保・早川淳一・奥野和弘
【写真】	青山秀行・朝倉政雄・伊藤昭・伊藤威信・榎陽・大幡哲海・奥野和弘
	奥野満希子・小熊米雄・上ヶ島理・菊地賢洋・久保ヒデキ・島崎英一
	富樫俊介・服部朗宏・早川淳一・藤岡雄一・星良助・堀淳一
	山本学・和久田康雄
	札幌市交通局・札幌市公文書館・鉄道友の会客車気動車研究会
	函館市中央図書館・札幌市中央図書館・北海道新聞社
【文章】	澤内一晃・早川淳一・原田伸一・星良助・北海道新聞社
【表紙デザイン】	土倉郁恵
【編集】	五十嵐裕揮

札幌の路面電車100年
2019年5月30日　初版第1刷発行

編　者　北海道新聞社

発行者　鶴井　亨

発行所　北海道新聞社
　　　　〒060-8711　札幌市中央区大通西3丁目6
　　　　出版センター（編集）011-210-5742
　　　　　　　　　　（営業）011-210-5744

印　刷　山藤三陽印刷

ISBN978-4-89453-948-8